JN195583

対決の東国史

6

古河公方と小田原北条氏

石橋一展

吉川弘文館

目　次

四　古河公方足利氏と小田原北条氏の対決

プロローグ

戦国前期の東国世界

本巻は、古河公方（こがくぼう）と北条氏の対立と協調が紡ぎだす中世東国史について、およそ十六世紀の初めから中盤までの時期を対象として著述するものである。

古河公方と北条氏

古河公方とは、室町期に東国を統治した鎌倉公方足利氏の後身である。「公方」とは高い身分の者を指した呼び名であるが、関東足利氏は当時の東国においてもっとも高い身分格式にあり、「古河様」「公方様」などとも呼ばれた。

いっぽう、北条氏は相模の小田原城を本拠地にしたことでも有名な小田原（後）北条氏のことである。もともとは足利氏の家臣であり、室町幕府政所の執事を歴任した伊勢氏の一族の出身である。本願地（ほんがんち）は備中国であり、東国にはゆかりも薄い。古河公方足利氏の家

図1　関東足利氏略系図　＊○囲み番号は公方、数字番号のみは将軍、△は古河公方の就任順序

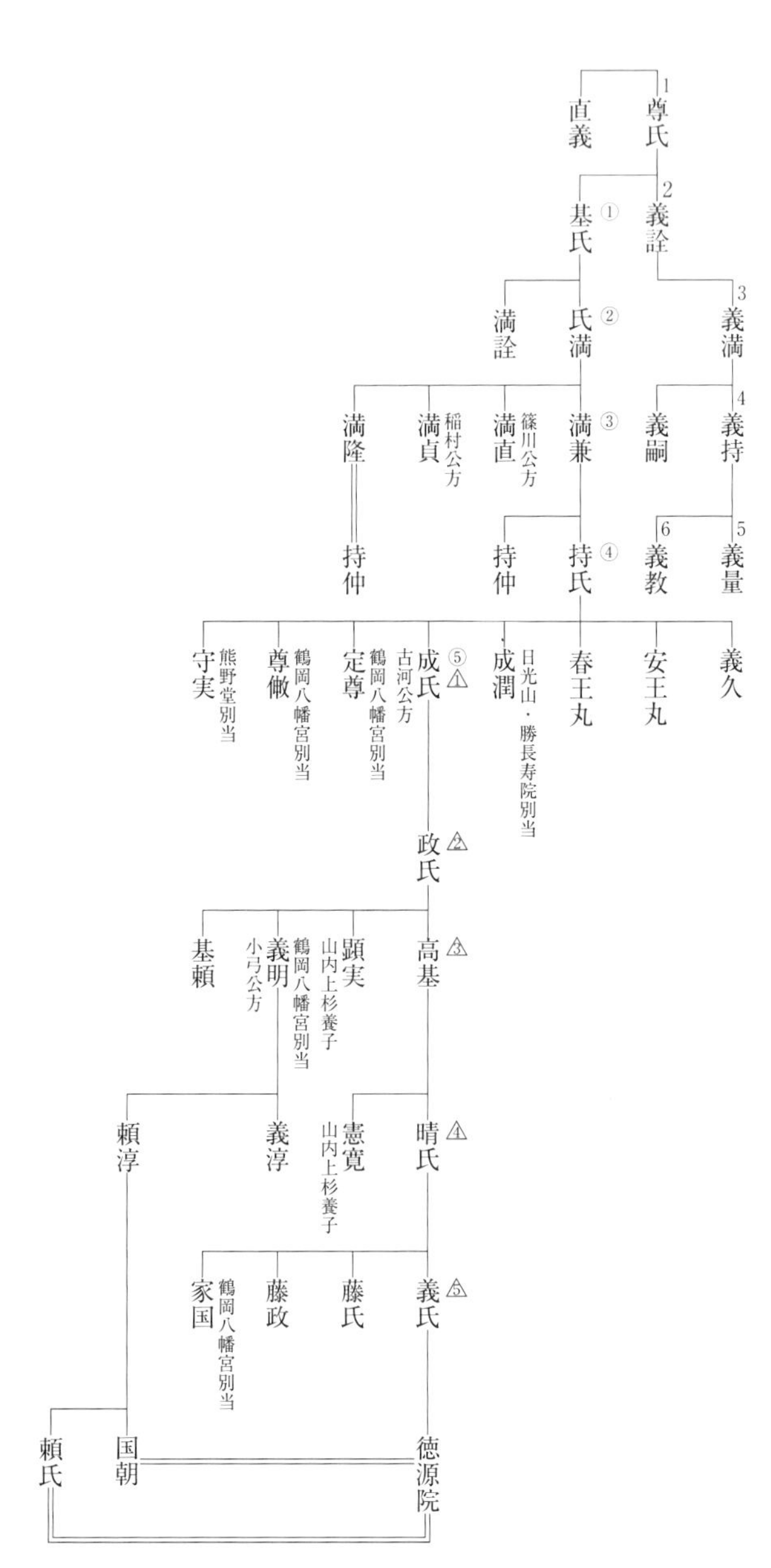

格には遠く及ばない。幕府の吏僚であるが、敵対する東国武家に「他国之逆徒（たこくのぎゃくと）」（『新編会津風土記巻七』）などと揶揄されるのは所謂「よそ者」が故であろう。

このように、本巻で取り上げる両氏の立ち位置は、当初、まさに対極にあったと言ってよい。そういった両氏がどのような歴史的な変遷をへて邂逅（かいこう）し、協働し、そして切り結ぶのか。その過程を周辺勢力との関係や社会情勢を交えて叙述していく。

主役たる両家に注目する前に、まずは東国の戦国時代を形成した享徳の乱について概略を述べる。

享徳の乱、勃発

すでに有名になりつつあるが、「享徳の乱」とは、享徳三年（一四五四）に起きた公方足利氏と、関東管領上杉氏とそれを後援する室町幕府との軍事抗争である。そもそも当時の鎌倉公方足利成氏（しげうじ）と関東管領上杉憲忠（のりただ）はその前段階から対立関係にあり、江の島合戦と呼ばれる合戦が起きていた。こうした状況は東国武士の家中や周辺勢力との対立とも関連しながら進行し、幕府も交えた調整の結果、ようやく小康状態になったのであった。

しかし享徳三年（一四五四）十二月二十七日、足利成氏は鎌倉西御門にて上杉憲忠を殺害し、そのまま両勢力は合戦状態に突入した。成氏方には簗田氏・一色氏ら直臣・一門らのほか、下野小山氏、上総武田氏、下総結城氏らの武士が味方していた。上杉方の主力は殺害された憲忠の所属する山内上杉氏をはじめ、扇谷上杉氏、庁鼻和（こばなわ）上杉氏ら一門と長尾、太田などの直臣のほか、上野や武蔵における中小領主の連合体たる「一揆」も重要な戦力であった。また幕府は上杉氏の支持を表明し、東国の周辺領主たる、信濃小笠原氏や駿河今川氏も上杉の支援に回った。

幕府・上杉方と成氏方は享徳四年（一四五五）正月から武蔵国島河原や分倍河原（現東京都府中市）や常陸小栗城（現茨城県筑西市）などで激戦を繰り広げ、戦況はおおむね成氏方優勢に進んだ。しかし、閏六月に駿河今川義忠と上杉の軍勢が鎌倉を制圧したため、各地を転戦していた成氏は鎌倉に帰還することができなくなり、同年十二月くらいには下総古河に本拠を移した。この移座は成氏の戦略的な意味があったとの評価もある。

公方権力の変質

足利成氏は、古河へ拠点を移したことで、これ以降、鎌倉公方の地位を踏襲してまた関東足利氏の当主は「古河公方」と呼ばれるようになった。しかし、変わったのは呼称だけではない。先行研究からは公方権力そのものの変質が指摘されている。

まず、勢力範囲の問題である。そもそも古河への移座が戦略的であると評される所以はその立地にある。古河は肥沃な下河辺荘にあり、鎌倉道に面して陸上交通の便も良いことから、南北朝・室町期の公方たちも軍事的要衝として利用してきた経緯がある。その南には利根川水系や鬼怒川、常総に広がる内海に囲まれ、水上交通と流通の一大拠点である関

図2　古河公方館跡（古河市教育委員会提供）

宿（現千葉県野田市）がある。その関宿は重臣で姻族である簗田氏に守備させ、幸手には一色氏、栗橋には野田氏と有力直臣を配置し、古河の北部には軍事的な援助が期待できる下総結城氏や下野小山氏が位置していた。まさに交通・軍事・経済の要たる地域である古河は、戦時政府が置かれる地としてはまことに合理的だったのである。そして古河をはじめとして下総、下野を中心とした地域が古河公方の政治的影響力が相対的に強く及ぼされる性格のものとなった。翻すと他の地区において古河公方の影響力は限定的になったと言える。こういった状況は公方権力における公権力から地域権力への変質と評価される。

次に文書発給の問題である。公方足利氏が武士に発給する文書は、文章の末尾が「依って件の如し」で結ばれる「書下」と呼ばれる形式が通常であった。しかしこういった状況は享徳の乱中に変化が見られ、これまで書下形式で文書を出していた相手に「恐々謹言」などで結ばれる「書状」を発給するようになるという（阿部、二〇〇六）。書状の方が書下と比べてより礼儀が厚い形式だから、東国武士の立場は相対的に向上したという見方ができる。また恒常化した戦争に対応して、味方の軍功を承認する方法も簡略化した。戦功を賞した感状が口頭報告などの簡易な申請で大量に発給された。その中には東国武士の被官など、これまでであれば公方から直接の文書受領は叶わないような身分の者もおり、こちらにおいても東国武士の相対的な身分の向上がうかがえる。

無論、かような事態は公方権力の弱体化も感じさせるものであるが、公方に所領や軍功を保全してほしい武家や寺社はまだ存在していたから、この時点においても公方の権威は健在であった。幕府を後ろ盾とした上杉氏も同様に健在であり、対立関係に陥っても、東国ではなお「足利」「上杉」の両家が政治的にも軍事的にも、そして儀礼的にも最上位に位置した。こういった社会構造を研究史上は「公方―管領体制」と呼んでいる（佐藤、一九七九）。

膠着、混乱、都鄙和睦

このような内乱の中で、東国武士の状況も大きな変化があった。例えば下総千葉氏は、幕府・上杉方であった本家の惣領であった常瑞（胤直）が、成氏派の宿老原胤房が擁立する一門馬加康胤の攻撃を受けて滅亡、共に滅

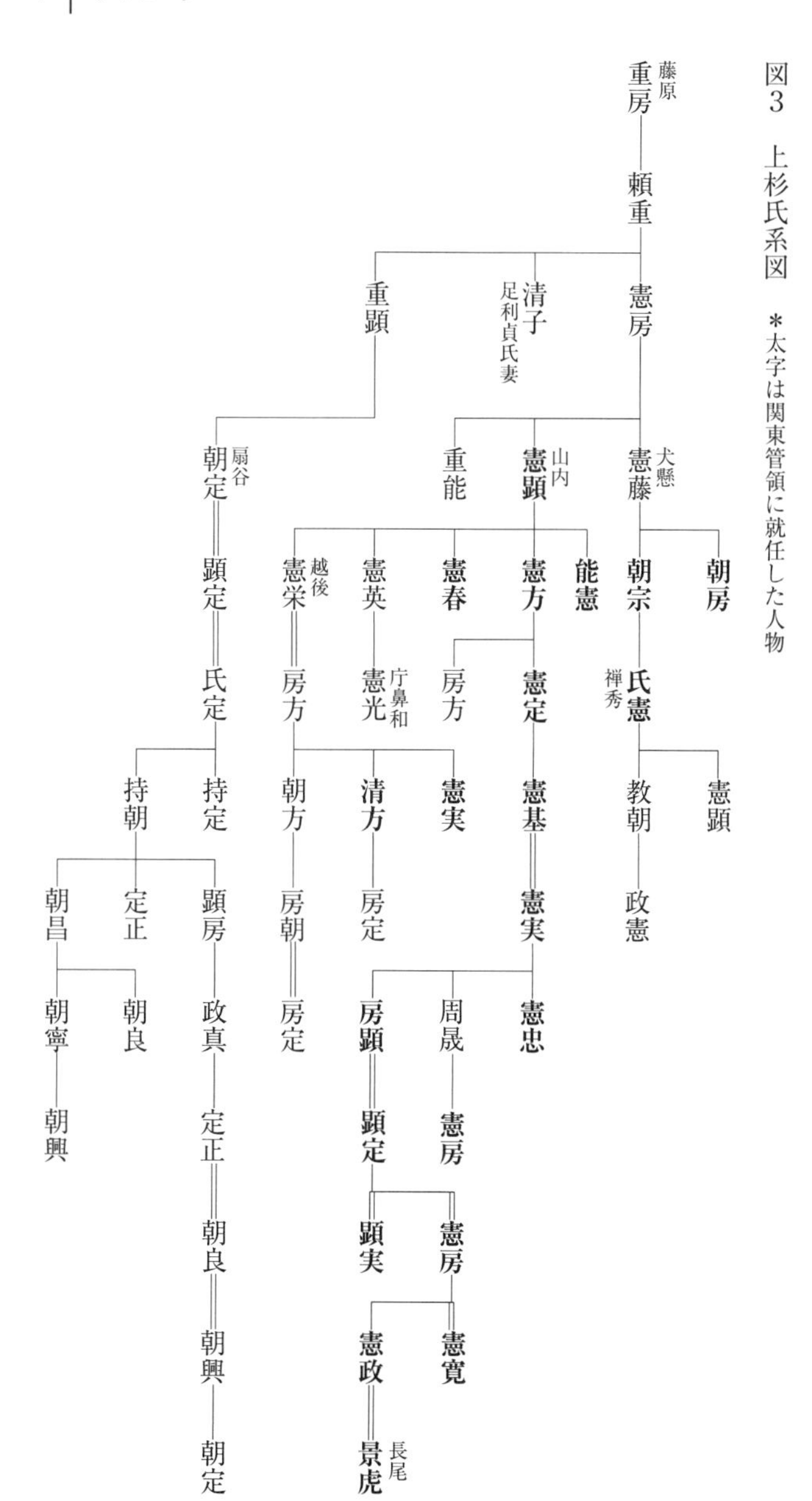

図3　上杉氏系図　＊太字は関東管領に就任した人物

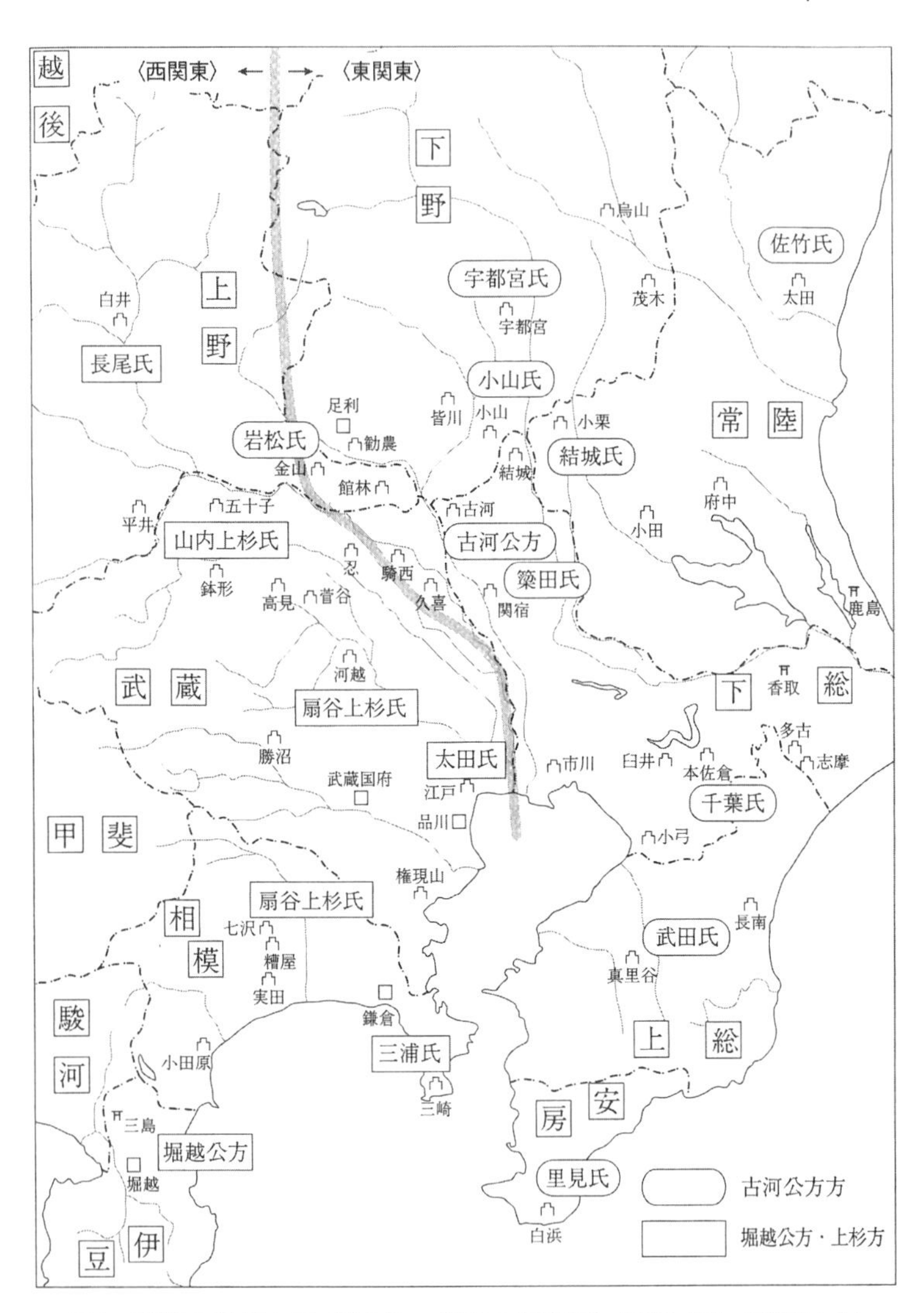

図4　享徳の乱勢力図（則竹雄一『動乱の東国史6』吉川弘文館、2013年より）

亡した常瑞弟の胤賢（たねかた）の子息らが武蔵に退去して、山内上杉氏の庇護のもと、武蔵千葉氏を成立させた。下野宇都宮氏でも幕府・上杉方の当主宇都宮等綱（ともつな）が、成氏方の嫡男明綱（あきつな）との抗争の結果、敗北して没落した。また、乱勃発以前から一族での内紛を抱えていた常陸佐竹氏なども両派が幕府・上杉方か成氏方のいずれかと結びつき、争いを激化させていった。

そして、長禄年間（一四五七〜一四六〇）になると、おおむね、下野・常陸・房総三国を勢力圏とする古河方と、武蔵・上野・相模・伊豆を勢力圏とする幕府・上杉方という相互の勢力圏が形成されてきた。古河方の本拠は言うまでもなく古河であるが、幕府・上杉方はその本拠を武蔵国五十子（いかっこ）（現埼玉県本庄市付近）に置いた。江戸城や河越城など著名な戦国期の城郭が築城されるのもこの時期である。これらは勢力の固定化と戦線の膠着を意味した。

そういった事態を受けてか、幕府は将軍足利義政の弟を還俗させ、足利政知（まさとも）と名乗らせ関東に下向させた。長禄二年（一四五八）八月には伊豆に入った政知は、のちに本拠を同国堀越（ほりごえ）に移したので、「堀越公方」と呼ばれた。東国に公方が並立したのである。幕府・上杉方の補強へとつながる政策であったが、ことはそううまくは運ばなかった。政知は近臣への恩賞や兵粮のための所領をめぐり扇谷上杉氏や山内上杉氏と対立し、かえって混乱を招いた。ただ、古河方も将軍義政からの勧誘に応じた小山氏や小田氏が応じた結果、成氏が古河を維持できず一時下総国千葉に移座する事態も起きた。これらは、公方も関東管領も味方する東国武士の協力無くしては勢力を維持できない時代となったことを意味している。

いっぽう、上杉氏内部の対立も起きた。関東管領山内上杉顕定を支える家宰長尾景信の後任が景信の弟忠景となったことに不満を抱く景信子息の景春が反旗を翻したのである。また、駿河今川義忠が死去したことにともない起こった後継者争いでは、足利政知と扇谷上杉定正は親族である小鹿今川範満を支持し、扇谷上杉の家宰太田道灌を派遣した。このような状況もあり、幕府・上杉軍の軍勢も勢力が減退してきた。そして文明十年（一四七八）には足利成氏は山内上杉氏と和睦を果たした。これに反対する勢力を攻撃しつつ、成氏派幕府とも講和するに至り、都鄙和睦が実現する。これに先立って長尾景春の抵抗も鎮圧されていたが、功績のあった太田道灌は主君上杉定正に粛清された。この「上剋下」は、ようやく平和が訪れるかに見えた東国に暗い影を落としたのである。

東国武士の動向

本巻の前提となる享徳の乱について、駆け足で見てきたが、対立の核である古河公方、上杉氏、堀越公方やこの後述べる北条氏の動向は、周辺勢力の動きに規定されることも少なくない。周辺勢力とは主に東国の武士であるが、その在り方も当然ながら一様ではない。鎌倉期以前から盤踞する古豪もあれば、新興勢力もいる。彼らは南北朝期・室町期を通じて、その上位権力たる幕府や鎌倉府に一応はしたがって存立していたが、享徳の乱の過程で公方足利氏や関東管領上杉氏の影響力が低下すると、自立性を強めていった。そのような武士の中には、読者にしてみれば、初めて耳にするような無名な人物もいよう。

ただ、本格的に戦国時代に突入する東国社会の情勢の中では、そういった無名の人物の働きこそ重要である。なぜならば本巻における対決の主役たる古河公方足利氏と北条氏は、一時をのぞいては軍事的にも政治的にも対決をしてはいない。むしろ周辺勢力との関係の中で対決の舞台に立ったとも言えよう。対決時の両氏はともに公方と関東管領としての側面を持っていたから、その状況はより顕著であった。

よって両勢力に関係し蠢(うごめ)く、有名無名の諸勢力こそ、本巻の影の主役なのである。それらにもまなざしを向けながら、古河公方と北条氏の対決と協調を包括的に考えていけるよう、筆者として努力するつもりである。

一　古河公方家の分裂と相克

1　伊勢宗瑞の登場と動向

本章では小田原北条氏を創設した伊勢宗瑞の登場や上杉氏の動向も含めつつ、古河公方足利氏の分裂や相克を主題とする。

その男、伊勢宗瑞

長享元年（一四八七）九月ころ、一人の武士が京都から駿河に下向した。小田原北条氏の始祖、伊勢盛時（もりとき）である。幼名新九郎、かつては北条早雲と呼ばれた。しかし、この一流が北条を名乗るのは盛時の死後であるし、早雲は庵号であるので（実際には「早雲」「早雲庵」とは呼ばれている）、ここでは伊勢盛時、宗瑞の呼称を用いたい。

現在では宗瑞は備中伊勢盛定（もりさだ）の子であり、室町幕府の申次衆（もうしつぎ）や奉公衆（ほうこう）として活躍した存在であることが知られる。盛時は元々浪人であったこと、小田原城を少人数で奪取したこと、長命であったことなどの伝説があったが、近年の研究によりその実像が明らかになっている。かつての研究は、その「大半は出自の解明に費やされてきた」(黒田、二〇一三D)と形容し得るものであったが、文書内容の新解釈や新たな史料の確認、そして近隣の勢力の研究の進展などにより、近年はさらに深化が見られている。本巻ではそういった先行研究に依拠しつつ、対決勢力のいっぽうである北条氏の成り立ちについても考えていきたい。

図5 伊勢宗瑞(早雲寺所蔵)

ちなみに盛時は「駿河大宅高橋家過去帳一切」「祖先鑑高橋家」から永正十六年(一五一九)八月十五日に六四歳で没したことがほぼ確定的であるので、生年は康正二年(一四五六)年であることが分かる(黒田、二〇一三D)。

備前伊勢氏で京都を中心に活動する盛時が、なぜ関東にやってきたのか。理由は盛時の姉にある。彼の姉北川殿は、駿河守護今川義忠に正室として嫁した。応仁元年(一四六七)のころである。しか

図6　太田道灌（静勝寺所蔵）

し、義忠が死ぬと駿河今川家は混乱し、実権は堀越公方足利政知や扇谷上杉家宰太田道灌などが後援する小鹿今川範満に移る。こういった状況を打破し、姉北川殿の子であり、自身の甥である竜王丸が今川家を継承できるようにするため、宗瑞は駿河に向かったとされている。

その時期は前述のとおり長享元年（一四八七）九月ころと言われているが、すでにその前年には竜王丸側に有利な展開が起きていた。範満を当初から支持してきた扇谷上杉氏の家宰である太田道灌が、当主上杉定正に誅殺されたのである。

道灌は扇谷上杉氏の家宰として、享徳の乱における上杉方の中心人物の一人であった。また上杉方に反乱を起こした長尾景春の親類としてその対応に当たったり、足利成氏の命を受け、都鄙和睦に反対する下総千葉氏を攻撃したりするなど、その功績は抜群だったものの、景春や都鄙和睦への対応方針をめぐり次第に山内上杉氏方と対立するようになり、主人である扇谷上杉定正の命で殺害された。両上杉氏の争いは騒乱冷めやらぬ東国では避けるべきであったし、山内上杉氏への歯に衣着せぬ物言いや、敵方を次々と調略する軍略の才覚は定正にとって好ましいものではなかったのであろう。主家が家臣を粛正する、「上剋下(じょうこくげ)」であった。

さらに、もういっぽうの範満の有力な支援者である堀越公方家も後述するように範満への支援を打ち切っていたと思われる。

この状況を好機と見た竜王丸側は、範満側に攻撃を仕掛けたのであろう。長享元年(一四八七)十一月には、範満は敗死している。宗瑞もこの戦いに関与し、軍功を立てたのではなかろうか。現時点で、盛時の駿河在国時代の拠点は西駿河の石脇城(「鈴木文書」)であることが見え、同所が当時の宗瑞の在所であったと言われている。

これらにより駿河今川家の家督は竜王丸が継承することになり、駿府山東地域の丸子(現静岡県静岡市)へ移動した(黒田、二〇一九A)。この竜王丸がのちの氏親(うじちか)である。ここに宗瑞は、駿河今川氏親の後見的立場を獲得したのである。しかし、この後見は単に形式的なものではなく、今川領国内での沙汰付行為も見られることから、宗瑞はこの時今川家の家宰であったと評価することもできよう(黒田、二〇一三D)。

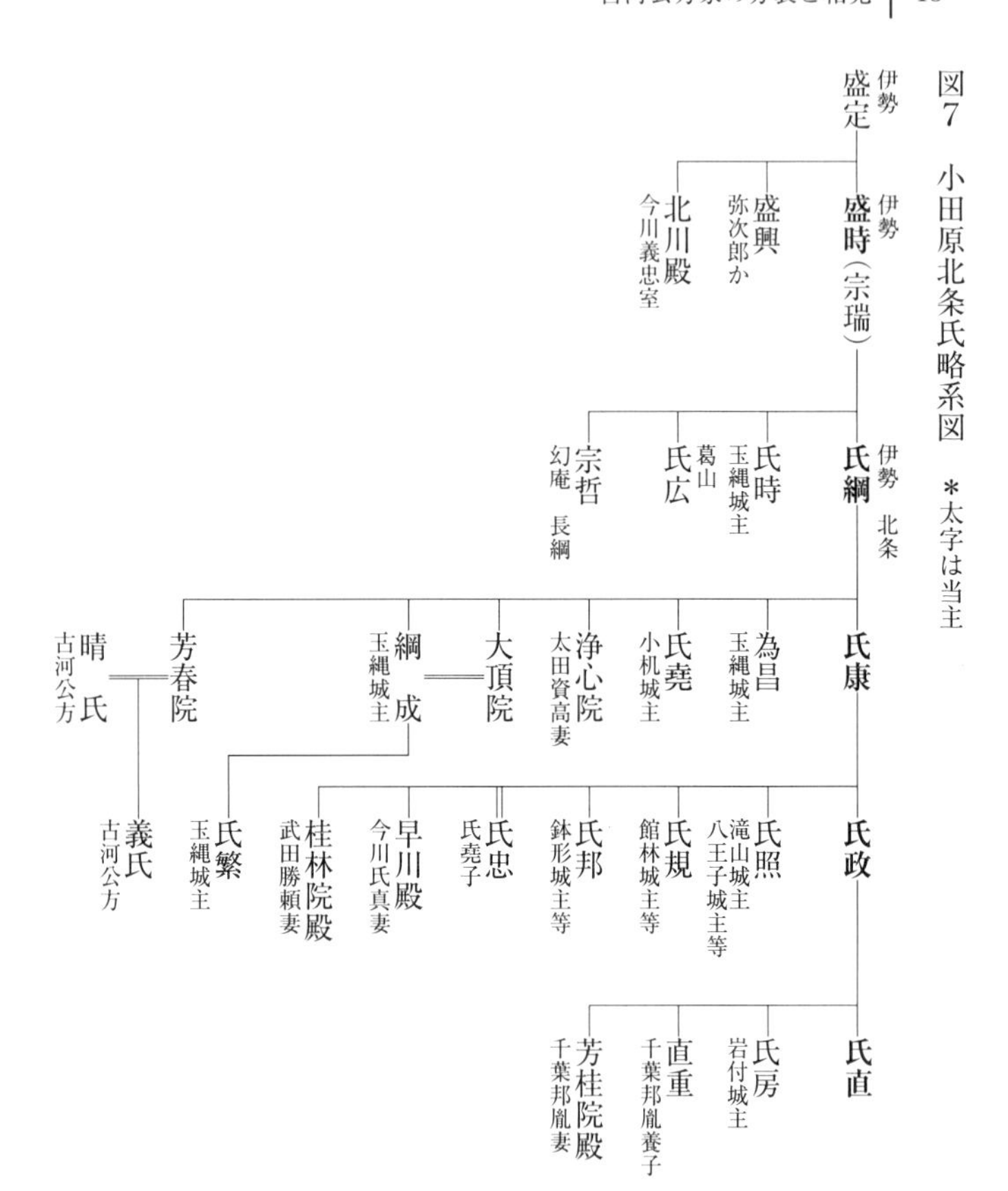

図7　小田原北条氏略系図　＊太字は当主

いっぽう、近年の研究で、盛時が駿河在国時に足利政知より伊豆国田中郷と桑原郷を拝領していたことが分かっている（黒田、二〇一六C）。これは盛時が幕府の家臣でもあることによろうが、政知と盛時の関係があったことを鑑みると、竜王丸・盛時の小鹿範満討伐などは、政知の一定の理解のもとに行われたと考えるのが自然であろう。

盛時はその後、長享二年（一四八八）九月までは駿河在国が確認できるものの、その後の延徳三年（一四九一）五月の段階では在京しているから（『北野社家日記』）、この間に帰京したことになる。そもそも盛時の立場は幕臣であり、駿河下向の目的は竜王丸の今川家家督継承であったから、本懐を遂げた際には帰京するのが既定路線であったのだろう（黒田、二〇一九A）。

いっぽう、古河公方足利氏の周辺では山内・扇谷両上杉氏の相互不信が頂点に達し、長享二年（一四八八）二月、相模で両軍が激突している（「上杉定正状」）。長享の乱の始まりである。当初、古河公方方は扇谷方に味方しており、公方成氏の子、政氏が扇谷方として在陣している（「和田中条文書」）。盛時の下向と時をほぼ同じくして、東国にも新たな戦乱が芽生えたのである。

伊豆侵攻

ところが、盛時が駿河に舞い戻る事態が発生した。延徳三年（一四九一）四月三日に堀越公方足利政知が病により死去したのである(「妙法寺記」)。政知は死の直前まで、ある「野望」を抱いていたと言われる。先に堀越公方足利政知が範満への支持を停止した可能性について述べたが、背景としてはその「野望」が関係しているとされる。政知は六代将軍足利義教の子でありながら、庶子であったために天竜寺の塔頭、香厳院に入れられ、最終的には関東に向けて下された。「鎌倉公方」の後任とはいっても伊豆に逼塞するばかりで、京都中央政界との距離は遠いものであったに違いない。しかし九代将軍足利義尚が嗣子ないまま病に伏せるようになると、自身の子を将軍に就任させる志向を持った。

その「子」とは、香厳院清晃である。香厳院はかつて政知自身が在住していた場所であり、そもそも二代将軍足利義詮の庶子、柏庭清祖に始まり、同家の子弟が入ることが恒例化していたから、清晃は有力な将軍家の子弟としての立場を獲得していたのであろう。さらに政知は、三男で清晃の同母弟潤童子を自身後継の堀越公方とすべく企図していたという。

こうした政知の意思を京都にあって支えていたのが細川政元である。義尚亡き後の将軍には、日野富子に認められた足利義材(足利義政の弟義視の子)が就任したものの、足利義視・義材の政権に反対していた政元は富子の支持を取り付けつつ、清晃の擁立を目指していた。政元の養子、澄之の母は武者小路隆光の娘であり、政知の後妻、円満院とは姉妹であった。政知と政元の接近にはこのような背景もあったであろう。

しかし、延徳三年（一四九一）正月、政知は食事も喉を通らないほど病み、死期が迫った。細川政元は今後の申し合わせ等のために、同年三月に東国へ下向したものの、政知に会えないうちに呼び戻されている。そして先述のとおり、四月三日、政知は死去した。

ところで、政知には今一人子息がいた。前妻（名前不詳）の子で長子にあたる茶々丸である。将軍の候補となったのは清晃であったから、この茶々丸は母の身分の関係、あるいは円満院の意向が働いて、冷遇されていたようである。しかし、延徳三年（一四九一）七月一日、茶々丸は円満院と潤童子を殺害し、強硬に堀越公方家の家督を継承したのである。伊豆は茶々丸派と反対派に分かれ、抗争が展開された。

盛時の駿河での動向は同年八月十日にはうかがえるから（『北野社家日記』）、茶々丸の挙兵後、八月十日までに再下向を果たしたのであろう。茶々丸政権は盛時の所領や今川家への攻撃を行う恐れもあった。盛時を駿河へ戻ったのは、こうした事態への対策だと思われる。

明応二年（一四九三）、今川軍は盛時と葛山氏を大将として伊豆へ攻撃を開始した（「勝山記」・「今川記」）。敵は足利茶々丸である。その明確な時期については不明であるが、同年四月に茶々丸の異母兄である清晃が細川政元らに擁立され、将軍足利義材が追放される

図8　堀越御所跡（伊豆の国市文化財課提供）

明徳の政変が起きていて、これに連動していると見られるから（家永、一九九六）、同月が想定できるであろう。ちなみに今川竜王丸の出陣は、元服前であったことから見られていない。なお、この時に盛時と同行した葛山氏は駿東郡葛山郷の領主であるから、今川氏の支配は同地にまで及んでいたことが分かる。また、宗瑞に対して駿東郡の興国寺城（現静岡県沼津市）が与えられたという記録が残っているが、これは駿東郡攻略の過程のものだとされる（黒田、二〇一九B）。なお、この翌年明応三年（一四九四）九月に、盛時は武蔵の扇谷上杉氏と連携して相模を攻撃しているから（「鎌倉大日記」）、伊豆侵攻の際にはすでに連携関係にあったと考えられている（黒田、二〇一九A・B）。

さてこのように始まった合戦であるが、四月の時点ではその結果は不明である。すくなくとも茶々丸は健在であるので、滅亡までに追い込むことができなかったのであろう。その後しばらく伊豆侵攻の状況は確認できない。

初めての対峙

盛時は先述のとおり、明応三年（一四九四）九月には扇谷上杉氏の援軍として相模・武蔵での合戦に従事した。こちらの相手は山内上杉氏である。そもそも両上杉氏は享徳の乱が都鄙和睦によって終結した後から、その関係に亀裂が入り、長享の乱という内乱に発展していたことはすでに触れた。これが延徳二年（一四九〇）十二月の段階では一応終結したものの（「鎌倉大日記」）、明応三年（一四九四）七月に再発し、山内上杉氏の軍勢が扇谷上杉氏領国に侵攻し、八月には関戸、九月には玉縄が攻略された。茶々丸は山内上杉氏と結んでいることから、盛時と扇谷上杉氏の伊豆攻撃が両上杉氏対立の引き金になった可能性も提起されている（黒田、二〇一九B）。盛時は武蔵にて扇谷上杉定正の軍と合流するものの、その数日後、山内方に攻め入ろうとした定正は落馬により頓死した。

この両上杉氏の抗争の中では、古河公方足利政氏は山内方として参加している。敵方の大将扇谷上杉定正が死去し、扇谷軍は河越城に退陣したものの、盛時は入西郡高坂にとどまっていた。これに対して山内上杉顕定と政氏は「高倉山」まで出陣してきた（「鎌倉大日記」）。対面こそしないものの、本巻が中心とする古河公方足利氏と北条（伊勢）氏が初めて相まみえたのである。

この後、盛時は足立郡を経由し、政氏の戦時拠点だった武蔵岩付城（現埼玉県さいたま市岩槻区）の攻撃を企図するものの、古河公方家宿老簗田氏が発遣されるにおよび、十一月に退却する（「簗田家文書」）。この盛時の動きをみると、扇谷上杉軍の退却に反してすぐに軍を引かなかったのは、山内上杉氏・古河公方の軍勢に少しでも打撃を与え、茶々丸方の勢力を弱体化させる意思があったものと思える。

いっぽう、足利政氏としては、定正の急死という予期せぬ出来事があったとしても、自らが支援した側に一定の勝利をもたらすことができた。政氏は延徳三年（一四九一）六月には古河公方家家督を、父成氏から継承していたと思われ（「茂木文書」）、新公方の武威を周囲に示すことに成功したとも言えよう。

堀越公方家の滅亡

明確な年月は分からないが、明応二年（一四九三）から同四年二月までの間に出家し、早雲庵宗瑞を名乗っている。これ以降、本巻でも宗瑞と記載する。なお、宗瑞はこの出家を期に幕府の役職からは引き、明確に東国へ軸足を置いたとされる（黒田、二〇一九A・B）。「宗瑞」名義の文書の第一号が明応四年（一四九五）二月に伊東荘を領する伊東伊賀入道宛て茶々丸方の狩野氏への対応についての恩賞を与える内容であり、宗瑞が伊豆の領国化を進めている様子がうかがえる（「伊東文書」）。

そして、そのころには堀越公方の北条御所に近い地に韮山城を築いていたものと思われる。明応六年（一四九七）四月段階で韮山の南に位置する大見郷の所謂「大見三人衆」へ「当要害普請年中三箇度」との文言を含む判物（「大見三人衆由来書」）が出され、この要害は韮山城と思われるから（黒田、二〇一九B）、この地期までには築城が完了されていたはずであろう。月日は不明なるも明応四年（一四九五）には茶々丸が伊豆大島に没落しているので（「勝山記」）、韮山城の築城を受けてのことであろうか。

いっぽう、茶々丸方も座して見ていたわけではない。明応五年（一四九六）二月には山内上杉氏とともに扇谷上杉領を攻撃し、宗瑞がこれを迎撃に向かっている。両勢力によるまさに一進一退の攻防が繰り広げられたのである。七月には山内方は扇谷方大森氏の拠る小田原城に迫り、宗瑞は弟弥二郎を派遣している（「東京大学史料編纂所所蔵伊佐早謙採集文書」十二）。しかし持ちこたえられなくなった大森氏は山内方に通じ、小田原城は開城されるのであった。さらに茶々丸が甲斐方面から大森領であった駿河御厨に侵攻してきた（「勝山記」）。

周辺が敵方に落ちていく中でも同明応五年十二月段階には、西伊豆雲見郷の高橋氏が狩野氏の本拠柿木での「忠節」に対し恩賞を約束しているので（「高橋文書」）、伊豆西部を手中にするとともに、狩野氏への攻撃を続けていたのであろう。こうした対応が影響した

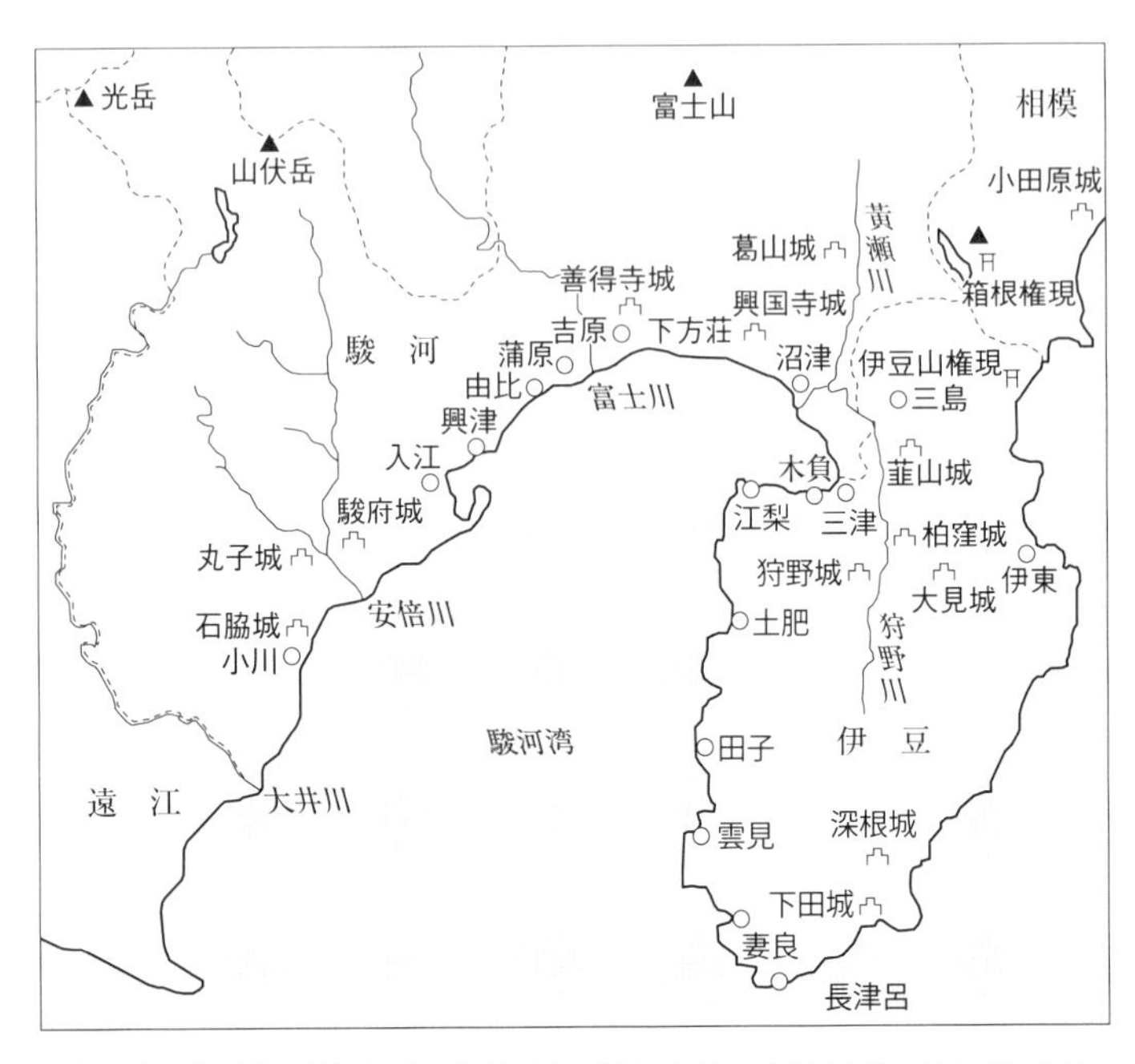

図9　伊豆・駿河勢力図（黒田基樹『戦国大名・伊勢宗瑞』KADOKAWA、2019年より）

のであろう、明応七年（一四九八）八月には茶々丸は宗瑞の侵攻を受け、自害している（「王代記」）。これと時を同じくして、狩野氏も没落している（「異本小田原記」）。伊豆では、同年八月二十五日に起きた明応七年地震で西岸部の武家を中心に大きく被害を受けていたので（「勝山記」）、結果的には絶好のタイミングであった。この後、伊豆で戦乱はおきていないことから、この時をもって宗瑞は伊豆一国の領国化に成功したと言えよう。宗瑞の主君今川氏親は、伊豆侵攻中の明応四年(一四九五)九月から十二月あたりに元服したことが知られるものの(「安西寺文書」)、伊豆侵攻にもその後の領国経営にもかかわっていないので、伊豆は名実ともに宗瑞の領国であった。周囲の勢力は宗瑞を「豆州」と呼ぶに至った。ここに、今川氏の家臣であるとともに伊豆国主である戦国大名、伊勢宗瑞が誕生したのである。

2 古河公方家・上杉家と宗瑞

長享の乱の終結と宗瑞

ここまでは、主に伊勢宗瑞の動向を追いながら駿河・伊豆での抗争を見てきた。

本節では少しだけ時計の針を戻し、明応期の両上杉氏の抗争を古河公方家・山内上杉家側からの視点で一瞥した後、古河公方家の内紛である永正の乱について整理する。

明応期までの伊勢氏の動向と関東の情勢は未だはっきりと関連するところではなかった。しかし、堀越公方家が山内上杉家と、そして伊勢氏が扇谷上杉家と結んだことで、俄かに二つの世界が交錯し始めた。そして明応期に至り、古河公方家と伊勢氏が武蔵にて相まみえたのは前述のとおりである。

長享の乱勃発時に古河公方足利氏は扇谷家に味方していたものの、明応三年（一四九四）十月の上杉定正の死を直接的な契機として、山内家と密接な関係になったと言われる（佐藤一九八三）。

これは、関東管領である山内上杉顕定が明応三年十一月に村岡陣に「出仕」するという形で実現する。そして顕定は政氏から「御剣」を授かり、「御一家（ごいっか）」としての立場を得たという（「喜連川文書四」）。

関東管領である顕定が古河公方足利氏の御一家となることは、公方権力の一端を担うことに等しい（佐藤、一九八三）。先述のとおり、足利茶々丸は山内上杉氏と連携していたから、堀越公方と古河公方、二つの公方家の力を山内上杉氏は得た。御一家化はこれまで見られなかった現象であり、関東足利家・上杉家双方の分裂により求心力を失いつつあった鎌倉府体制がまた別の形で再編されたとも評価できよう（木下、二〇二二）。逆に言えば、それだけ政氏・顕定にとって扇谷上杉氏・宗瑞との対立は脅威であったのである。

ちなみに古河公方家と堀越公方家は享徳の乱においては関東公方の正統性をめぐって対立する関係にあったが、都鄙和睦により古河公方家の優位性が認められたため、同勢力に属することに抵抗はなかったものと思われる。

ただ、この明応の両上杉家抗争は、宗瑞の撤退後、山内方の武蔵河越城攻めがうかがえるものの、その後目立った動きはなく、明応八年（一四九九）十月に政氏の「御不例」を理由による古河帰陣によりおおよその終結を見る（『松陰私語』・「赤城神社年代記」）。この終結には先に述べた明応の地震の影響も指摘されるが（駒見、二〇二二）、茶々丸の自害や長陣での厭戦感などもあったのであろうか。

さて、いっぽうの伊勢氏ではこの間に大きな変化があった。簡単に述べると宗瑞が西相模に侵攻し、大森氏の小田原城を攻略、西相模を領国としたのである。以下、経緯を追ってみよう。

この小田原城の攻略は、宗瑞が戦上手であることを示すエピソードの一つとして大変有名である。明応四年（一四九五）、宗瑞は兼ねてより親交を結んできた小田原城の大森藤頼（ふじより）に「鹿狩りをしていたら小田原城の裏山に鹿が逃げ込んでしまった。裏山に勢子を入れてよいか。」と許可を求め油断させて攻撃した、という。その際、松明（たいまつ）を牛の角に付け、奇襲を行ったとも言われ、その際の宗瑞の雄姿を象った像が小田原城前に建てられている。

しかし、今ではこれが史実ではないことが明らかになっている。まず時期についてであるが、明応五年（一四九六）七月段階で未だ小田原城の主が大森氏であることが確認できるから（「東京大学史料編纂所所蔵伊佐早謙採集文書」十二）、右の明応四年（一四九五）説は成り立たない反面、文亀元年（一五〇一）三月には伊勢氏の小田原統治が確認される（「集古文書」)。また、当時の政治状況から堀越公方家を滅亡させた以後であると思われ(黒田、二〇一三D)、かつ、攻撃のきっかけとして明応九年(一五〇〇)六月の相模湾地震であることが指摘されているから(盛本、二〇一五)、おおむね、明応九年六月から文亀元年三月までに絞られる。

また、その経緯についても解明が進んでいる。そもそも宗瑞が友好関係にあった大森氏を出し抜いたわけではなく、大森氏が扇谷上杉方から山内上杉方に寝返ったため、宗瑞とも敵対関係になったと思われる。よって合戦によって攻略したと考えるのが自然であろう。ただ、合戦に纏わる文書がないことなどから、明応九年(一五〇〇)六月四日に相模湾で起きた地震の混乱のなか、宗瑞が大森氏を没落させたとする説も存在する(黒田、二〇一九B)。

また、扇谷上杉氏と山内上杉氏は和睦しているので、合戦の時期によっては宗瑞独自の判断による攻撃と見ることができる。そしてそれは、両上杉氏の和睦を崩壊させるものであり、先の武蔵での合戦に繋がるのである。

篠塚陣の挫折

さて、武蔵から帰陣した足利政氏は、文亀二年(一五〇二)に子息高氏(のちの高基)を引き連れ、下総篠塚(しのづか)(現千葉県佐倉市)まで出陣した(「赤城神社年代記」)。これは下総最大の国衆千葉孝胤を攻撃するためであった。この事件を「篠塚陣」と呼んでいる（「妙興寺文書」）。

ここで、下総千葉氏について、簡単に触れておこう。千葉氏は享徳の乱勃発当初、幕府・上杉方に味方したため、足利成氏の意を受けた千葉一族の馬加千葉康胤と重臣の原胤房に千葉城を攻撃され、当主胤直の系統と弟胤賢は滅亡する。その結果、本宗家の一族（胤賢の子）は武蔵に落ち延び、山内上杉氏の後援を受けながら武蔵千葉氏として命脈を保つことになり、千葉宗家は古河公方方の馬加千葉氏と岩橋千葉氏に継承されることになった。こうした経緯から、享徳の乱中を通じて下総千葉氏（岩橋家）は古河公方の有力な与党として存在した。文明三年（一四七一）六月、戦況の悪化と北関東領主の離反により古河を維持できなくなった成氏を千葉に迎えるなど、緊密な関係がうかがえる。

しかし、成氏が上杉方と和睦すると、その関係は終焉を迎えた。元々の本宗家であった武蔵千葉氏を後援する上杉氏と成氏との和解を受け入れることは、宗家の再交代に発展する恐れがあるからである。千葉氏はこれに反発し、公方にも上杉氏にも敵対することとなった。そのため、太田道灌の下総侵攻を許し、境根原や臼井等の闘いで打撃を受けた。道灌が死去し、長享の乱が起きると、ここで千葉氏は山内方に味方したことがうかがえる（「青木文書」）。上部権力の再分裂が起きることで、起死回生の機会が訪れたと言えよう。

しかし、篠塚在陣中と思われる山内上杉顕定が書状にて、「千葉介は未だに公方様の決定に従わない」と述べているから（「静嘉堂文庫所蔵聚古文書シ」）、公方・山内上杉との対立関係が存在したことになる。この理由として長享の乱に際して古河公方が扇谷派から山内派に鞍替えした際に、千葉氏内部で従来通り山内派に留まるか、あるいは扇谷方となるかで抗争があった可能性が提起されている（黒田、二〇一一）。または、家中抗争の勃発期がもっと後だった場合、長享の乱における戦後処理をめぐってのものだった可能性もあろう。

政氏が自ら出陣した背景は不明であるが、山内派の勢力からの出陣要請があった可能性もある。いずれにせよ反対派の制圧に成功すれば、明応三年（一四九四）の扇谷上杉氏との戦いの際の様に武威と権威を高めることができたであろう。しかし、実際には明確な戦果もないまま、約二年後の永正元年（一五〇四）三月に古河城に帰座している（「千学集抜粋」）。政氏が千葉を攻めきれなかった背景には、千葉方の抵抗もあったであろうが、それを凌駕できる軍事力を持っていなかったことが要因であろう。

与党である山内上杉顕定は同行している形跡はなく、むしろ早期の帰還を求めているから（「静嘉堂本集古文書」）、今回は古河公方や周辺勢力の身の軍構成であったのだろう。今度の政氏は、武威を示すどころか、上杉氏など有力武家の軍事力がなければ、合戦が容易に進まないことを周囲に、そして自身と子の高氏に認識させてしまったのである。

さて、こうした古河公方家の弱体化を目の当たりにしたためであろうか、政氏の古河帰還から約半年後の永正元年（一五〇四）九月、逼塞していた扇谷上杉朝良は、伊勢宗瑞・今川氏親に支援を依頼し、武蔵国立河原（現東京都立川市）で山内方と合戦におよぶ。ここにも足利政氏が山内方として参加していた（「相州文書」・「松陰私語」）。この戦いは扇谷方の勝利に終わり、顕定は武蔵鉢形城（現埼玉県寄居町）に退却し、弟である越後上杉家当主の房能との連携を図った。そのため翌十月には越後上杉・山内上杉の連合軍が扇谷上杉氏の河越城を包囲し、さらに相模実田要害や扇谷上杉氏の進出にともない山内方から転じていた長井氏の居城である武蔵の椚田城を攻略した（「三島神社文書」）。

これらの状況を受け、扇谷上杉朝良は戦況の挽回は困難だと判断し、翌永正二年（一五〇五）三月、山内上杉顕定に降伏を申し出る（「年代記配合抄」）。これを受けた顕定は、扇谷上杉氏の処遇を政氏と協議し、その結果、朝良が隠居し、その甥朝興が家督となることが決まった（「佐竹文書」）。こうして、山内上杉氏は、扇谷上杉氏に対して優位な立場を確定させたのである。また、政氏の子、顕実が顕定の養子に入った。これにより山内上杉氏の公方御一家化は実質的にも堅固なものになったのである。これまで顕定養子である前関東管領房顕の甥にあたる憲房（房顕の兄弟、周晟の子）が後継者の地位にいたと考えられるから（黒田、二〇一三C）、将来の家督争いに繋がる可能性もあった。これについては後述する。

いずれにせよ、長享二年（一四八八）から始まり、数回の小康状態をへて約一九年間展開した長享の乱は、ここに終結したのである（「東京大学史料編纂所所蔵伊佐早謙採集文書」十二）。

永正の乱起る

都鄙和睦と長享の乱終結により、東国の政治体制は、少なくとも表面上は永享の乱前の状態に復古したと言ってよい。むしろ古河公方家が山内家との一体的な関係を結んだことは、かつてない安定を東国にもたらす可能性すらあった。しかし、これまでにはなかった問題が古河公方家を襲う。それは古河公方家自体の分裂である。具体的には公方政氏とその子高氏の抗争であり、永正の乱と呼ばれた。この内乱は三次に渡って展開したが、まずは第一次永正の乱の勃発と経緯を追ってみよう。

抗争の勃発は、永正三年（一五〇六）四月、足利高氏が古河を出奔し、妻の実家である下野宇都宮氏の居城宇都宮城に移ったことからうかがえる。これを記す関東足利氏に纏わる記録である『喜連川判鑑（きつれがわはんかがみ）』はその理由を「政氏・高氏御父子不快ニテ御分リ」と記す。この背景としては、前章で述べたような篠塚陣の不調や武蔵立河原の敗戦などが挙げられる（中根、二〇二二）。

ただ、内乱というのはこういった両者の確執だけでは勃発しないものである。実行に至るにはそれを支える軍事基盤が存在した。今回出奔した高氏方には岳父の宇都宮成綱だけでなく、房総の勢力など存在したことが指摘されている（中根、二〇二二）。なお、高氏はこの時期に花押を従来の関東足利様（関東足利氏が使用する形状）から、宇都宮成綱の花押に類似するものに変えている。当時は元服や判始め後に実名や花押を何度か変える場合があったが、これらは所属する勢力や自身の立場のなど政治環境などの変化がきっかけとなっている。よって、高氏のそれにも何らかの背景があると思われ、この場合父政氏との政治路線の違いと考える説が提示されている（佐藤、一九九三）。

さて、山内上杉顕定は父子の確執を受け、五月には仲裁に乗り出した。御一家である顕定にとってはもはや古河公方家の内紛は自家の基盤が揺らぐ事であり「関東破滅の基」と述べている。しかし、高氏方から信頼を得られず、事態は膠着状態になった（「静嘉堂本集古文書」）。政氏は高氏がいる宇都宮を白河結城氏や那須氏の力を借りて攻撃しようと試み（「東北大学国史研究室保管白河文書」）、いっぽう高氏は宇都宮攻撃を見計らってであろうか、下野淡川に移動し、長沼氏・舞木氏らと連携しつつ、政氏方であった小山祇園城（現栃木県小山市）攻撃の計画を練った（「秋田藩家蔵文書」一〇、「楓軒文書纂九一所収白河証古文書」）。

図10　足利高氏（高基）花押

しかしどちらの合戦も実行されなかったか、あるいは決定打とはならなかったのか、結局は上杉顕定の調停を受け、永正四年（一五〇七）八月半ばには和睦をしている（中根、二〇二二・「相州文書」）。高氏は古河に戻ったのである。なお、顕定はこの間に出家して可諄を名乗っている。この「諄」という文字には「丁寧」「懇ろ」などという意味とともに「繰り返し教え諭す」という意味もある。「可諄」とは両者の和解をひたすら願う彼の思いがこもった法名であった。無論それは公方家のためだけではなく、自らの基盤堅持への意向であった。

ところが、早くもその一年後の永正五年（一五〇八）七月段階では抗争が再発しているので（中根、二〇二二・「佐野市郷土博物館寄託島田文書」）、平和は一年も持たなかったことになる。高氏は、今度は下総関宿城に出奔し、八月一日の段階で古河城まで攻撃を仕掛けてきたのである。

ここで少し関宿城について触れておこう。関宿城は利根川水系・鬼怒川水系など内海を含んだ複数の水系の交錯地点に立ち、三方を河川に囲まれた城である。下総国下河辺荘内にあり、同地は十四世紀の後半には鎌倉府の御料所となっていたが、永享十二年（一四四〇）に起きた結城合戦などには見えないから、古河が公方の在所になった契機である、享徳の乱の過程で築城されたと思われる。記録類には康正二年（一四五六）の時点で確認されるものの、確かなことは不明である。城主は当初から公方直臣の簗田氏であったが、当時の簗田氏は水海と関宿に系統が分かれての抗争をへて、水海系の簗田政助が惣領的な立場にあったとされるいっぽう、その子高助は高氏方になっていた（佐藤、一九九三）。

図11　関宿城（齋藤慎一他編『関東の名城を歩く　南関東編』吉川弘文館、2011年より）

第一次の抗争時の簗田氏の具体的な動きは不明であるものの、二回目の抗争時に高氏が動座の際に関宿を選択できたということは、すでにこの時、関宿城を管轄していたのは、高助の側であったものと思われる。しかし、この時も永正六年（一五〇九）六月にはふたたび上杉顕定の調停で和睦を結んだ。高氏は高基と名前を改め、古河に戻った。この「基」には、周知のとおり「はじめ」という意味がある。高氏改め高基は、初心に返って父への忠孝を示したのであろうか。いっぽうで、今回の和議に当たっては起請文が取り交わされたし、顕定も扇谷上杉建芳（けんぽう）（朝良は出家して建芳を名乗る）に「両上様の和睦については、私の申し上げた内容に委ねていただいたが、引き続き調停している最中です」と述べていることもからも（「岡部家文書」）、必ずしも円満解決ではなかったことが読み取れる。顕定の苦労は続くのである。

連動する内乱と上杉顕定の死

このように先の二回の「永正の乱」で和睦実現に尽力した上杉顕定であるが、実は別の問題に頭を悩ませていた。それは越後の内乱である。そもそも山内上杉氏は、その関東上杉氏中興の祖とも言うべき上杉憲顕が越後守護を務めていたこともあり、同国、そして越後上杉氏とは近しい関係にあった。このため、室町期に山内上杉氏の家系が途絶えると越後上杉氏から憲実が養子となった経緯があり、その家系がまた絶えると、同様に越後上杉房定の子であった顕定が養子となったのである。いわば、当時の山内上杉氏にとって越後上杉氏は「実家」であった。なお、当時の家督は顕定の弟房能であったことは先に述べた。

ところが、当時越後上杉氏では、家宰の長尾為景（ためかげ）（上杉謙信の父）が房能に反旗を翻し、永正四年（一五〇七）八月に房能を殺害してしまった。これに対して、永正の乱の只中にあった顕定は、双方の調停が終わると、永正六年（一五〇九）七月越後に出陣していった。顕定軍の勢いはすさまじく、同年九月には上杉定実と長尾為景を越後から潰走させ、越後府中を在所とした（森田、二〇一四）。

いっぽう、長享の乱、永正の乱をへた東国において、関東管領の不在は新たなる政治状況を生み出した。まずは武蔵にて扇谷上杉氏が攻撃され、その相手は伊勢宗瑞であった。

宗瑞は堀越公方との合戦や長享の乱などにおいて、長く扇谷上杉氏と連携関係と維持してきた。京都から下向した宗瑞にとって、駿河今川氏を別とすれば、もっとも頼りになる同盟者であった扇谷上杉氏となぜ抗争状態になったのだろうか。簡単に言えば、宗瑞の所領拡大に拠る。伊豆諸島支配をめぐっての扇谷上杉・三浦両氏と宗瑞の軋轢が指摘されているのである（黒田、二〇一九A・B）。さらに先述のとおり宗瑞は相模西郡を手中に収めたことで、その領国が扇谷上杉氏の領国と隣接するようになった。これにより、さまざまな問題が惹起していた可能性もあろう。

なお、長尾為景は上杉顕定との合戦に際し、長尾伊玄（長尾景春が出家し、伊玄と名乗っていた）と伊勢宗瑞に協力を求めており、これに応じたことが直接的な契機であった（「秋田藩家蔵文書」十）。顕定は越後出陣に際して、扇谷上杉建芳と起請文を取り交わしていたから（「歴代古案」）、この時に山内上杉氏に対して挙兵をすれば、必然的に扇谷上杉氏をも敵に回すことになってしまうのであった。

永正六年（一五〇九）八月、宗瑞は相模国中郡に乱入し、扇谷方の鴨沢要害（現神奈川県中井市）を攻略し、高麗寺（現神奈川県大磯町）と住吉（現神奈川県平塚市）に要害を築いた。当時、先の起請文に従い、建芳は山内上杉領上野国の守りを固めていて、領国に不在であった。さらに宗瑞は、扇谷上杉氏重臣の上田蔵人入道を離反させ、同人の所領であった武蔵神奈河郷の権現山城（現神奈川県横浜市）も接収した（「相州文書」・「古閑雑纂」）。その後、扇谷上杉氏本拠の江戸城近辺まで進軍している（「温故雑帖」）。その後は扇谷上杉方も防備を固めたため、翌永正七年（一五一〇）三月ころに帰還したとされる（黒田、二〇一九A）。しかし、与同する長尾伊玄が相模津久井郡を占領していたので、五月にはこれを足掛かりに北西にある山内上杉方拠点の椚田城（現東京都八王子市）を攻撃し、城主大石氏を敗走させている（「歴代古案」）。

さて、こういった関東の情勢は遠く越後にいる上杉顕定にももたらされていた。当然のことながら、顕定は家人などから関東の情勢について逐一報告を受け、必要な指示をしていたのである。そしてついに永正七年六月、顕定が懸念していたであろう報告を受け取った。永正の乱が三度目の勃発を見たのである。顕定は「御方御所（高基）様は、長い間嫌気がさして関宿に移動された」と述べているから、三たび父子の不和が起き、またしても高基が関宿に動座したことが分かる。この事態がすでに五月に起きていただろうから（中根、二〇二二）、宗瑞の軍事行動もこれら足利・上杉の混乱に乗じていた可能性が高い。また今回はそれだけではなかった。高基の弟、愛松王も挙兵し、武蔵太田荘近辺で軍事行動を働いているのである。その後の状況を見ると高基と連携していた可能性が高い。

愛松王は鎌倉鶴岡八幡宮の別当であった。それゆえ、「社家様」「雪下殿(ゆきのした)」などと呼ばれることもある。雪下とは八幡宮の別当坊があった地名であるが、これがいつしか別当を指す言葉になっていった。南北朝・室町期においても鶴岡八幡宮が武家の深い崇敬を受けており、その別当と鎌倉公方は良好な関係にあった。政氏の父、成氏はその宗教的権威を手に入れようと、自身の弟定尊を別当としたのである。愛松王は成氏の弟の後継として僧籍に入り、武蔵高柳を在所としたようである。しかし、顕定が永正の乱の混乱について「雪下殿の企てに紛れもない」「雪下殿の悪しき企てが連続している」と指弾しているところから、野心をもってかなり活動していたように思われる。

そうこうしているうち、東国にはさらに不幸な出来事が続く。関東管領上杉顕定がこの六月二十日に越後長森原で弟の仇、長尾為景と合戦におよび、討ち死にしてしまったのである。調停者不在の中で、ますます東国の混乱が加速することになった。

3　混迷の東国

永正七年（一五一〇）六月、越後から退却してきた山内上杉軍がまず行ったことは、長尾伊玄および伊勢宗瑞への対処であった。長尾伊玄は上野沼田まで進軍してきたが、同年九月には退却した。

両上杉氏の反撃

宗瑞に対しては、扇谷上杉建芳が反撃するにあたり、山内上杉氏から家宰長尾顕方代官の矢野憲信（のりのぶ）、大石源左衛門、足利長尾景長代官成田中務丞（なかつかさじょう）や忍（おし）の成田顕泰（あきやす）などが派遣された。七月には上田氏の権現山城が攻撃され落城し、上田氏も扇谷上杉氏に帰参した。さらに扇谷上杉氏に従属する三浦道寸（どうすん）が相模中郡に侵攻し、住吉要害が攻略された。これにともない、中郡は三浦氏に制圧されたものと思われる（黒田、二〇一九B）。続いて十月には扇谷上杉建芳自身が相模西郡に侵入し、小田原城付近まで進軍した（「秋田藩家蔵文書」十）。このとき、建芳は長陣になり人馬に疲労が見えるため一度退陣したが、十二月にも三浦氏と共に小田原付近の鴨沢要害を攻撃している（「相州文書」）。

小田原・鴨沢いずれも落城を免れたものの、前年に計略した両上杉氏の領国はすべて失い、かつ小田原への侵攻も許したことは、宗瑞にとって大きな痛手となった。

この後、詳細は不明であるが翌永正八年（一五一一）十一月までには宗瑞と扇谷上杉建芳の和睦が見られている（「飯尾文書」）。宗瑞としては、為すすべもなく、といったところであろうか。例えば鴨沢要害攻撃に際して古河公方足利政氏の感状が出ていることを見ても（「相州文書」）、これらの軍事行動は政氏の了解のもとに行われたものであった。自身が領国を拡大しようとしたとき、古河公方足利氏、両上杉氏、そして守護層である三浦氏など、鎌倉・南北朝以来の伝統的勢力が、未だ強大な力を有してこれを阻んでくることを、宗瑞は屈辱と共にその身に刻んだのであった。

関東管領の後継者

しかし、宗瑞の敵対勢力にもふたたびきしみが見えてきた。山内上杉氏内部で、顕定の養子二人による後継者争いが顕在化してきたからである。

顕定の二人の養子については先に述べた。かつての関東管領上杉憲実の孫、憲房と、古河公方足利政氏の子、顕実（あきざね）である。また、顕定にはこの二名以外に、定憲、頼房という二名の実子の存在が確認されているが、相次いで上条上杉氏の家督を継承しているから、山内上杉氏の家督継承候補ではなかった。

そして、この時山内上杉家の家督を継承したのは鉢形城にいた顕実であった。これに両者の家格を考えれば当然であろうし、政氏の後押しもあったと思われる。そもそも顕実は山内上杉氏嫡男が名乗る仮名四郎を称していて、この結果は予定調和であった。また、山内上杉家家宰であった惣社長尾顕方(あきまさ)も、顕定出兵の段階から鉢形に在所し、そのまま顕実の補佐に当たっていた。

いっぽう、顕定とともに越後に出陣していた憲房は、上野平井城（現群馬県藤岡市）に拠ってこれに反発し、高基と結んで顕実方と抗争を始めた。実際に抗争の開始が見られるのは、顕定死去約一年後の永正八年（一五一一）九月である（「仁叟寺文書」）。

顕実方に付いた勢力としては家宰惣社長尾顕方や成田顕泰、憲房方に付いた勢力は足利長尾景長や横瀬氏、安保氏などである。また、先述のとおり古河公方政氏は顕実を、高基は憲房をそれぞれ支援したので、永正の乱を展開する古河公方家のパワーバランスにも影響を及ぼす闘いでもあった。

合戦は主に顕実方が上野南部や下野に攻め込んで展開したと思われ、新田荘、佐貫荘、足利荘などが戦場となっている（「由良文書」・「安保文書」）。しかし、永正九年（一五一二）六月には憲房方が鉢形城を攻撃し、上杉顕実と長尾顕方を没落させた（「堀内文書」）。

これにより憲房は正式に顕定の跡を継承し、山内上杉氏当主・関東管領となった。また、家宰の惣社長尾顕方も没落したため、憲房方であった足利長尾顕方が変わって家宰になった。こうして、政氏は最大の支援者であった山内上杉氏の離反を招くことになった。また顕実を実質的な楔とした両家の「御一家」関係も顕定・顕実がいなくなったことで薄れることとなった。

こうした状況が連動して足利政氏は軍事的危機に陥った。この六月の下旬には政氏が居城である古河城から退去し、関宿城にいた高基が入城した（「年代記配合抄」）。これにより古河公方権力は高基が実力で継承する形となったのである。

宗瑞、蠢動

こういった上部権力の混乱の中、宗瑞は再起の機会をうかがっていたのであろう。同永正九年（一五一二）八月には三浦氏に占領されている相模中郡の再制圧を目指し進軍を開始した。扇谷上杉氏と和睦したことで、領国が隣接する三浦氏とも平和状態が訪れていたと思われるが、永正九年に入り、またしても伊豆諸島支配をめぐり、軋轢が生じていたのである（黒田、二〇一九B）。

三浦道寸は中郡支配の拠点として岡崎城（現神奈川県伊勢原市）を築城していたが、宗瑞の攻撃に備え、家臣への在城を命じている（「相州文書」）。八月十二日には両軍は岡崎城外で合戦におよび、伊勢軍が勝利した（「伊東文書」）。さらに翌日十三日にも岡崎城を攻撃し、落城させることに成功、道寸は相模三浦郡の住吉要害に退却した。宗瑞はこれを追跡し、同日のうちに鎌倉まで到達したという（「鎌倉九代後記」・「快元僧都記」）。これにともない、宗瑞は中郡だけでなく、東郡も制圧したものと考えられ、東郡内当麻郷へも禁制が出されている（「無量光寺文書」）。また、かつて長尾伊玄が奪取し扇谷上杉領となっていた津久井もその後の状況から考えると、宗瑞に従っていたと思われる（黒田、二〇一九B）。さらに十一月に東郡の玉縄城を再構築し、三浦氏の住吉要害への向城とした（『寛永諸家系図伝』）。また、十二月には武蔵国久良岐郡も支配下に置いた形跡があり、瞬く間に相模の大部分と武蔵の一部を手中に収めることに成功した。むろんその過程で、三浦氏のみならず、扇谷上杉氏とも、ふたたび敵対することになったのであるが。

翌永正十年（一五一三）に入っても、宗瑞と三浦道寸の抗争は続いた。正月二十九日には道寸が玉縄城に攻撃を仕掛け、藤沢近辺で合戦となった（「遊行歴代譜」）。宗瑞は三浦軍に勝利したと思われ、道寸は住吉を弟道香に委ね、自身は本拠地の三崎新井城に退却した。宗瑞は追撃し四月には新井城付近で合戦が展開された（「岩本院文書」）。

なお、道寸弟、道香が任された住吉要害は、宗瑞の嫡男である伊勢氏綱が七月に攻落させたという（「新編相模国風土記稿」）。氏綱は前年の岡崎城周辺の合戦から文書に見られ（「伊東文書」）、それ以前から父宗瑞に従軍していたと思われる。この時は二〇代後半であり、十分に一軍を任せられると判断されたのであろう。そして、住吉要害が落城したことで、三浦氏の主な拠点は三崎新井城のみとなった。

この時、三浦氏を支援する扇谷上杉氏はどうなっていたのであろうか。状況から見ると、山内上杉氏との抗争を展開していたと見られる。例えば、永正十年（一五一三）四月に新井城周辺で合戦があった翌月にあたる五月には、両上杉氏は武蔵国菅谷原で合戦をしたと言われる（黒田、二〇一九B）。扇谷上杉建芳は政氏方として永正の乱や先の山内上杉氏内の抗争時も和睦を斡旋するなどの行動を取ってきた。しかし、最終的に古河公方は高基、関東管領は高基派の上杉憲房となり、完全に自派とは異なる勢力の出現を許してしまった。この結果、山内上杉憲房とは抗争状態に突入したと思われる。したがって、三浦氏の支援に回る軍事的余裕がなかったとされる。

しかし、永正十一年（一五一四）五月には扇谷上杉氏家宰の太田永厳（えいげん）が相模国西郡に進出している。この時までに両上杉氏は和睦をはかり、宗瑞への反撃が開始された（「里見家永正・元亀中書札留抜書」）。しかし、伊勢氏と西郡から撤退させることはできなかったようである。

落日の政氏

さて、ここで舞台をふたたび北関東に移し、関東足利氏と永正の乱の動向を見てみよう。

永正九年（一五一二）六月下旬、足利政氏は古河城を退去した。向かった先は下野小山氏のもとである。小山氏の当主成長は一貫して古河公方体制を支えた人物であり、政氏方であった。

図12　足利政氏（甘棠院所蔵）

政氏は、小山へ動座した直後の七月に、早くも岩城氏らに協力を要請しつつ古河城奪還を図ったと思われる（「秋田藩家蔵文書五一」）。しかし、岩城氏からの援軍は来なかったと見られ、かつ高基派も宇都宮氏等へ協力を要請しつつ、古河城の防衛を図ったので同城の奪還は叶わなかった（「安保文書」）。政氏はこの後も古河への帰還を強く望み、翌年・翌々年にかけて岩城・佐竹など南奥・北関東の領主に協力を求めていくのであった（「秋田藩家蔵文書十、一六」）。

また南関東においては先述のとおり宗瑞と扇谷上杉氏・三浦氏の攻防が展開していたため、扇谷上杉・三浦方に感状を発給するなどして後援した（「岩本院文書」）。すでに山内上杉氏は高基方としての立場を鮮明にしていたから、扇谷上杉方との関係は良好に保とうという政氏の戦略であったと思われる。

当初高基方であった雪下殿愛松王は、武蔵太田荘（現埼玉県北東部）や猿島郡稲尾郷で軍事行動を取ってきたが、扇谷上杉氏とも無関係ではなかったのである。ただ、こういった政氏の計画は永正九・十年段階では奏功しなかった。岩城・佐竹両氏が実際に軍事行動に出ることはなかったし、扇谷上杉氏も動ける状態ではなかったからである。政氏はさらに常陸や南奥における自派を増強すべく、常陸に子息基頼(もとより)を下向させた。基頼は遅くとも永正十年(一五一三)八月には活動を開始している(「秋田藩家蔵文書五一」)。続いて政氏は同永正十年十月にふたたび古河攻撃を計画している(「保阪潤治氏所蔵佐竹文書」)。これらの軍事行動には、当然在所である小山氏の軍勢が関与したことは疑いない。

こうした動向の結果、高基方に変化が見られてきた。永正十一年(一五一四)と思われる政氏の文書には「高基と空然から悃望があった」と述べられている(「秋田藩家蔵文書十」)。書きぶりからして和睦に向けた打診と思われる。空然とは愛松王のことであり、この時までに出家していたことが分かる。愛松王は鶴岡八幡宮別当でありながら、成人に達したあとも出家することなく軍事行動をしており、武家としての立身を志していた可能性がある(小池、二〇二二)。しかし、政氏に和睦を持ちかけるにあたり、出家したものと思われる(石橋、二〇二三)。実際に和睦は実現しなかったので、この時には条件等が折り合わなかったと思われる。政氏は古河公方権力の帰属を望んだであろうし、高基もそうであったためであろう。

しかし、空然は高基方から政氏派となったらしく、この後、三月までの間に小山領内に移動している。小山氏は高基方である宇都宮氏と所領が隣接しており、同氏との戦いにて所領を一部失っていたらしいが、空然がそこに入部している（「秋田藩家蔵文書十」）。これを受けてであろうか、高基方も小山攻撃を企図している（「小田部庄右衛門家文書」）。

永正十一年（一五一四）に入ると、政氏の長年の要請が実り、岩城・佐竹両氏による古河攻撃の準備が、四月頃より始まっており（「秋田藩家蔵文書十」）、七月下旬には合戦が始まった（「秋田藩家蔵文書十六」）。政氏方の主力は佐竹・岩城氏など各であり、高基方は宇都宮、下総結城氏などであった。政氏方の作戦としては、佐竹・岩城軍が高基派の宇都宮氏を叩きつつ南下したところを合流し、古河攻めを敢行するつもりであったと思われる。

この過程で、主な合戦の舞台となったのは宇都宮付近の竹林であると思われ、八月十六日にはこの周辺で二〇〇〇人ほどの死者と出したという（「今宮祭祀」）。結果は政氏方の敗北であり、政氏の目論見は失敗に終わった。この反撃であろう、高基は小田・結城両氏を動員して小山攻めを計画しているが（「須田隆允氏所蔵文書」・「真壁文書」）、実現に至ったかは不明である。

なお、この後同年から翌永正十二年（一五一五）にかけて、これまで政氏派であったと思われる那須氏が上那須氏による内紛の影響で下那須氏により統一され、この過程で高基派に転じたことが指摘される（中根、二〇二二）。少なくとも那須氏が高基派になることで、政氏と北関東・南奥の音信は遮断され、宇都宮氏による岩城・佐竹両氏への軍事行動はとりやすくなった。永正十三年（一五一六）に起きた縄釣合戦がそれであり、宇都宮忠綱が佐竹領まで侵入したこの戦いでは、政氏派がまたしても打撃を受けたのである。

こうした政氏派の弱体化を受けて、その庇護を担った小山氏でも変化があった。同年十二月、当主が成長から政長に代わり、新当主政長は高基派の立場を明確にしたのである。これを受け、政氏と空然は下総円福寺を経由し（円福寺多賀谷記）し、武蔵岩付へ移動した。この地は扇谷上杉氏の影響下である。十二月二十七日、年は政氏の失意のうちに暮れようとしていた。

4 龍の花押、虎の印判

伊勢氏の相模併呑と房総侵攻

古河公方に意識されつつあった宗瑞はこの時期、何をしていたのであろうか。永正十二年（一五一五）以降の動向を追っていく。伊勢家は伊豆諸島支配を確立し、伊豆諸島から三浦半島までの制海権を手中に収めた。

しかし、三浦氏自体は未だ健在である。扇谷上杉氏も三浦氏への支援を絶やしたわけではなかった。永正十三年（一五一六）には六月ころには建芳の後継者であった扇谷上杉朝興が軍勢を率いて相模国中郡に侵攻してきたという（「異本小田原記」）。三浦氏の支援と旧領回復のための軍事行動であろう。しかし、伊勢軍に江戸まで押し返され、勢いにのった伊勢軍の三崎新井城の攻撃に繋がった。扇谷上杉軍の退却により手薄になった三浦方を一気に攻め立てたのか、七月には同寸と嫡男義意は三崎新井城の城中で討ち死にした。

建芳はこの事態を受け、次は武蔵に侵攻してくるであろう宗瑞との決戦を決意したが、年が明け永正十四年（一五一七）年となっても宗瑞の動きがないので、三月には相模への侵攻を計画している（「秋田藩家蔵文書十」）。しかしこの合戦も実現していない。相模を失い領国を大幅に減少させた扇谷上杉氏の軍事力の回復には、建芳の予想以上に時間がかかったのであろうか。

ところで、相模を統一した宗瑞は武蔵の攻撃に着手しなかった。それは、彼の目には別のものが映っていたからである。三浦氏を滅ぼした四ヵ月後の永正十三年（一五一六）十一月には、上総国長北郡二宮荘内藻原郷近辺（現千葉県茂原市）に侵攻している。この地は上総の東部に当たるから、相模三浦郡から江戸湾を渡り、上総西部通過して藻原に至ったと思われる。当時上総西部を押さえていたのは上総真里谷武田氏であるから、すでにこの時宗瑞とは友好関係にあったと思われる（「藻原寺文書」）。実は、上総武田家の当主である信清の姉妹が、先に宗瑞が滅ぼした三浦義意に嫁いでいる関係にあった。言わば宗瑞は親族の仇であったが、それでも協力関係が早々に成り立っているところを見ると、恩讐を越えて宗瑞と結ぶ利点が、真里谷武田信清にもあったのであろう。

当時、上総武田氏は下総千葉氏の家宰、小弓原氏と上総北部を巡って抗争関係にあった。続く永正十四年（一五一七）十月十三日には小弓原方に属す真名（三上）城の三上佐々木氏と真里谷武田氏が交戦し、真名城は没落した（「快元僧都記」）。真里谷方には「早雲衆」が加わっていたらしいから（「仏像伽藍記」）、宗瑞による前年からの上総進軍は、小弓原氏との抗争を有利に展開しようという真里谷武田氏の作戦であろう。

いっぽうの宗瑞は、小弓原氏との合戦そのものが目的であったとは思えない。そこで注目すべきは、宗瑞の家臣である伊奈盛泰が、同年閏十月に江戸湾沿いの品川妙国寺に禁制を出しているという事実である（「妙国寺文書」）。このことは、後述するように真里谷武田氏と共同した軍事行動の一環であったことが指摘されるものの、上総から江戸湾を渡って武蔵に進軍する動きであった可能性もある（黒田、二〇一九B）。その場合、当然相手は扇谷上杉方であろう。このことも、江戸湾の西岸を支配する真里谷武田氏との良好な関係であることで初めて実現できるものであった。また、このことは宗瑞が相模湾に続き、江戸湾をも手中に収めつつあったことを示唆する。そもそも品川は室町期より江戸湾における流通の中心地点であり、同地を手中に収めたことそのものが、宗瑞の制海権掌握への一手と言える。

さらに、後の史料から類推すると（「箱根神社文書」）、伊勢家は藻原の地を含む上総二宮荘を手中にしているため、小弓原氏の所領であったと思われる同地を実力で接収したことが予測される。これに関してか、永正十三年（一五一六）八月に、三上但馬守が原領と見られる千葉荘猪鼻（いのはな）を攻めているが（「千学集抜粋」）、この但馬守が真名城（現千葉県茂原市）の三上佐々木氏と同勢力であれば、当初真里谷武田家方であった三上氏が後に原方に寝返ったことによって、二宮荘が原方となったことが想定できよう。または二宮荘は享徳の乱以前の段階で千葉氏宿老の円城寺氏が領していた可能性があるので（「円城寺文書」）、円城寺氏を大方滅ぼした原氏がそのまま領していた可能性もあろう。

なお、その原氏は、三上城落城の二日後の永正十五年（一五一八）十月十五日に、真里谷武田氏に本拠である小弓城を攻落されている。この時は原二郎や有力家人であった高城父子などが滅亡しており、大打撃を被り小金城まで後退している。真里谷武田氏は攻撃の手を休めず、翌月にあたる閏十月には小金領まで進軍している。小金は陥落しなかったようであるが、小弓領は真里谷武田氏により制圧された。三上城の合戦と小弓城の合戦は二日しか離れていないので、これら一連の原氏との戦いは真里谷武田氏と伊勢氏の共同戦線であった可能性が指摘される（黒田、二〇一九B）。

こうして、真里谷武田と伊勢の同盟は、両者にとって大きな実利を挙げた。宗瑞は江戸湾と房総半島への進出を果たし、さらにその勢力圏の拡大を目指し得る環境を手にしたのである。

足利義明の野望

武蔵に移座した政氏は出家し、道長（どうちょう）と号した。もはや古河公方の地位は高基から戻らず、自らの政治活動に区切りをつけたものと思われる。しかし、その子空然はまだ自派の逆転をあきらめたわけではなかった。空然は、父政氏と共に武蔵に移動した後、どこかの段階でかつての在所である高柳へ移ったと思われる。そしてこの期間に、名を宗斎（そうさい）に改め、小山成長と連絡を取り交わしている（「小山文書」）。小山氏は先述のとおり新当主政長は高基派であったものの、隠居した成長は未だ政氏派であった。空然あらため宗斎は、勢力巻き返しの機会をうかがっていたものと思われる。

同永正十四年（一五一七）閏十月には宗斎は「義明（よしあき）」と名を変えた。父道長はこの義明への忠節を最大の支援者である扇谷上杉氏に依頼している。いわば、政氏の政治勢力はこのとき義明に継承されたと言ってよい。なによりも注目すべきは「義明」の名乗りそのものである。足利将軍家の通字である「義」を名乗ることは幕府に対する何らかの野心を想

図13　足利義明花押

起させる。簡単に言えば「将軍になりたい」ということになるが、義明自身がどのような政治志向を有していたかは今となっては不明である。ただ、この名乗りは義明が自称したわけではなく、当然政氏との連携があったものと考えられる。
　そもそも古河公方家は、成氏と政氏が将軍足利義政（初名は義成）から偏諱を受けていると思われる。いっぽこれは鎌倉公方の時代からの慣例であった。いっぽう政氏の祖父にあたる四代鎌倉公方足利持氏は、この慣例を踏襲せず嫡男に「義久」と名乗らせて関東管領上杉憲実とのさらなる関係悪化を招いた。「義」の字を僭称することは、自らを政治的窮地に追い込むことに繫がる。政氏は高基（初名は高氏）の元服にあたり、幕府と交渉の結果、当時の将軍義高（のち義澄）の「高」の文字を得ているから（「上杉家文書」）、今回の「義明」についても何らかの幕府との交渉の結果、将軍義稙から一字を拝領した可能性はあり得ないのだろうか。いずれにせよ、還俗したことで、義明は雪下殿であるというだけではなく、兄高基を倒し、新たな古河公方となる歴史的役割を付与されたのである。

なお義明は、生涯のうちで都合五種の花押を使い、その形も特徴的であることが知られるが、このうち二番目の花押が特に有名であろう。さながら龍の顔のような形態をしており、その口には宝珠を咥えているように見える（滝川、二〇〇三）。龍はよく知られているとおり王者の象徴であり、宝珠は「如意宝珠（にょいほうじゅ）」とも呼ばれ、願いを叶える力を持つという。著名な『竹取物語』にて、竹取の翁がかぐや姫の婿たる者への条件としていくつかの宝物を持参することを提示したが、その中の一つにこの宝珠があった。仮に義明が龍を意識して花押を作ったとしたら、あるいは永正十二年段階で政氏の後継たる意思を持ち、古河公方位に野心を持っていたと考えられる。口元の宝珠にはその願いを託したのであろう。

新時代

さて、足利義明が父政氏の後継者となった際、既述の通りその最大の支援者は扇谷上杉建芳である。建芳は長享の乱後、養子朝興に家督を譲り出家した後も扇谷上杉氏の最高権力者として同家の指揮を執り続けてきたが、永正十五年（一五一八）四月二十一日に死去した。これにより正式に朝興が扇谷上杉氏の家督として活動を行っていくことになった。

これに対して宗瑞の動きは明確ではない。建芳死去二ヵ月前には山内上杉家宿老の大石氏の相模由井領侵攻を企図し、相模国東郡の当麻宿に侵攻しているから（「関山文書」）、あるいは山内上杉家との戦いに専念していたのかもしれない。

同年七月には大きな動きがあった。足利義明が、真里谷武田氏に招聘される形で、先に原氏から真里谷武田氏が奪取した小弓（おゆみ）城に入ったのである（「鑁阿寺文書」）。義明はこの後「小弓上様」などと呼称され、父政氏から引き継いだ権力基盤をさらに拡充する。小弓公方の誕生である。

この勢力誕生の歴史的意義は、単に「古河公方家に対抗し得る、新たな関東足利氏の誕生」ということに止まらない。もたらしたのは南関東における勢力図の書き換えである。例えば、義明を小弓に招いた真里谷武田氏は元々政氏派であり、義明も継続支援する立場である。そして真里谷武田の小弓攻撃に一役買った宗瑞は両上杉氏と対決してきたが、小弓に誕生した小弓公方家の最大の支援者は扇谷上杉氏である。この結果、図らずも宗瑞と扇谷上杉朝興は同勢力に属することとなった（「新編会津風土記巻七」）。

しかし、これまで激しく抗争を演じてきた両者が手を結ぶことに納得がいかない勢力も存在したことであろう。そこで、宗瑞がとった手段が自身の隠居であったと思われる。隠居も改名・改判・出家などとともに、自身の置かれた政治的、社会的立場の変化にともなうことも多かった。この場合新勢力小弓公方の誕生と、その中で骨肉の争いをしてきた扇谷上杉氏の新当主朝興と和睦するにあたり、伊勢氏も世代交代をもって対応したといえる。その宗瑞の出家は、永正十六年（一五一九）の四月下旬から六月下旬までの間に行われたとされる（黒田、二〇一九B）。

なお、宗瑞政権末期の重要な政策に、虎の図像を付した角形の朱印を押捺した文書の発給が挙げられる。いわゆる「虎朱印状（とらしゅいんじょう）」である。周知のとおり戦国期の大名や国衆は黒印や朱印を付した印判状を発給するが、この虎朱印は（武家が使用するものとしては）もっとも早いものであり、宗瑞の発案によるものと見なされる（黒田、二〇一九B）。現存する最古のものは永正十五年（一五一八）十月に伊豆国田方郡木負（きしょう）の百姓に出されたもので、前月の九月に法度が出て、今後は定量が定められていない徴税については虎朱印により郡代・代官が行うこと、朱印がないものは郡代・代官の花押があっても認めないことなどを記している（「大川文書」）。

これは郡代・代官の加徴収を排除し、伊勢家が直接村落を支配する体制を整えるものでもあった。朱印には「録寿応穏（ろくじゅおうおん）」と記され、「録」（＝財産）と寿（＝命）が、「応に穏やかなるべし」との意味だという。そこに付される虎は、龍とともに神聖な動物とされ、魔除けの力もあるとされた。百姓の生活を守護するものとして宗瑞は虎の持つ力を印判に宿したのであった。

図14　虎朱印状（山口博『北条氏五代と小田原城』吉川弘文館、2018年より）

　しかし、関東における戦国大名伊勢家の創始者である宗瑞にも最期の時が訪れる。永正十六年（一五一九）八月十五日（「北条家過去帳」）、六四歳であった。状況からみて病死だと思われる。一説には三崎にて七月二日に舟遊びをして、それ以降体調を崩したという（「塔寺八幡宮長帳」）。その年の秋、嫡子氏綱により行われた無遮会では、宗瑞は「豆相州」の「賢太守」であり、「天下の英物」と評価されている（「玉陰英璵語録」）。関東に下向し、二〇年弱で伊豆・相模の太守となった宗瑞は、「無遮会（むしゃえ）」という貴賤の参集する場にて、その英邁ぶりが共有されたのである。

　いっぽう、伊豆や相模の旧領主たち、すなわち両上杉氏らは、当然ながら宗瑞最晩年まで「他国」の「逆徒」という評価を変えていない（「新編会津風土記巻七」）。宗瑞から伊勢氏の未来を託された氏綱は、こういった逆境との対峙を余儀なくされるのである。

二　北条氏の南関東侵攻と足利氏

1　伊勢から北条へ

本章では宗瑞から家督を継承し、伊勢氏から北条氏に改称した氏綱と扇谷・山内両上杉氏との対決、古河と小弓に分裂した両公方家の対決をそれぞれ描く。話の中心は古河公方家が足利高基とその子晴氏、伊勢家は氏綱である。そしてこれを取り巻く小弓公方と房総諸勢力、両上杉家などが注目される。

上総における大乱

父宗瑞の死を受けてその跡を継いだ氏綱は、当然その政治的立場を継承し、小弓公方の勢力に与した。そういった氏綱の軍事行動は実は宗瑞存命中から見られる。永正十六年（一五一九）七月には小弓公方勢力圏であり、真里谷武田信秋の上総佐貫城（現千葉県富津市）で「大乱」なる事態が起こり、これを受けて真里谷武田氏の要請により江戸湾を渡海し、上総二宮荘に着陣したのであった（「藻原寺文書」）。

この乱の詳細は分からないが、小弓公方と敵対する古河公方足利高基も小弓方の上総椎津城に進軍しており、合戦があった形跡が見られるから（「喜連川文書案三」）、佐貫・椎津近辺で両派の激突があったと思われる。また古河公方派の山内上杉憲房もこの事態に呼応して武蔵に進軍した。こういった状況を受けてか、七月中に真里谷武田信清は山内上杉方の上野金山城（現群馬県太田市）主横瀬景繁や大蔵院宗好なる僧侶を介して和平工作を始めるのであった。

宗好はその書簡の中で「伊勢新九郎（氏綱）渡海について」の書状について満足である旨をまず信清に伝えているから、そういった氏綱の動向も両派の懸案になっていたのであろう。さらに宗好は古河公方家・小弓公方家の和議には理解を示すものの、これについては扇谷上杉が数年間手がけていたが、宗瑞を味方に引き込んだことへの不信をいだいている旨述べている（「新編会津風土記巻七」）。「逆徒」伊勢家への拒否感は、思いのほか強いものであった。むしろこういった不信感が両派の確執をより増大していた側面もあろう。

結局、高基は十一月末まで上総に滞在したことが分かっているから、和睦は不調に終わったのであろう。この時、高基は下総千葉氏・結城氏、下野小山氏、常陸小田氏ら周辺の有力国衆を動員していた（「記録御用所本古文書十二」・「小山文書」・「常総文書」）。攻撃対象となった椎津は上総の玄関口とも言うべき拠点で、同所から大軍勢で上総に押し寄せ、敵対勢力を一網打尽にする計画だったのではなかろうか。そうすると、武蔵まで進軍した山内上杉氏も同所へ向かう目的であったか、あるいは伊勢氏の侵入に備えたものであった可能性があろう。小弓方は発足してほどなく大きな危機を迎えていた。

　しかし、同年十一月には高基に供奉していた千葉氏の一門である臼井胤縁（たねより）が小弓方に寝返ったことにより、事態が急変し、高基は古河まで退却することとなった。高基にとっても信じがたいことであったようであり、「不思議の子細」であると述べるとともに、臼井の離反を「先代未聞」と批判している（「渡辺忠胤家文書」）。千葉家当主であった勝胤は一門から裏切り者を出してしまったことに強い負い目を感じたのか、古河退却の際には嫡男昌胤（まさたね）、家宰原、有力一門の海上など、その軍事力の大半にあたると思われる面々を警固につけている。高基は千葉父子の忠信を評価するいっぽう、臼井については「命を長らえてもその滅亡を見たい」との憎悪を露わにしている（「東京大学史料編纂所所蔵文書」）。高基にとって一大作戦の失敗であった。

氏綱の内政

　この上総での一連の合戦の最中に宗瑞は死去する。その後、先述のとおり氏綱は秋には無遮会を営んでいるので、それまでにはまた江戸湾を通過して相模に戻っていたと思われる。ところでこの無遮会は宗瑞の本拠であった韮山にて開催されたが、氏綱の代以降における本拠は、周知のとおり相模小田原となる。この小田原には宗瑞死去当時、その四男にあたる北条宗哲の所領が四〇〇貫ほどあったことが知られる。しかし、これは氏康の代に至ってはまったく見られないことから、小田原を本拠地とするにあたり、氏綱の直轄地とされたと評価される。永正十七年（一五二〇）に宗哲所領と鎌倉の寺社に対して行われた検地前にはその処理が終わっており、それらの本拠小田原と鎌倉の範囲確定が成されたという（黒田、二〇二〇）。

図15　北条氏綱（早雲寺所蔵）

大永二年（一五二二）になると、氏綱は相模の寺社に対する興業政策を次々と実施している。例えば三月には、鎌倉明月院寺領の所領である相模国東郡岩瀬郷内今泉村が他村から竹木を伐採されることを禁止している（「相州文書所収鎌倉郡明月院文書」）。こういった行為は寺社を保護するという直接の目的以外に、そういった行為をすることで、伊勢氏が同国における公権力であることを内外に示す働きがあった。これは同年九月に東郡にある一宮を修造・再興させたことからもうかがえる（「寒川神社棟札銘写」）。その際の棟札には「相州太守」と記され、まさに相模国主としてこの事業に取り組んでいることがわかる。また伊豆でも翌大永三年（一五二三）に箱根神社宝殿の再興も果たしている。これが記された同社の銘文では、父宗瑞のことを「相州故太守」と表現しており（「箱根神社棟札銘写」）、氏綱が伊勢家そのものを相模国主として位置づけようとしていたことが指摘される（黒田、二〇二〇）。

図16　上杉朝興花押

ところで、この翌年にあたる大永四年（一五二四）七月には、扇谷上杉朝興は花押を伊勢宗瑞のものに酷似した形状に改判したことが知られる（「妙国寺文書」）。通常、こうした花押を他人に類似させる行為は個人的・政治的距離の近さを伺わせるものであった。永正の乱にあたり、足利高基が自身の岳父であり後援者である宇都宮正綱の花押に似せて改判したことは前章で述べた。しかし、この時期の朝興は、後述するように氏綱と激しく対立しており、同様の理解は想定できない。むしろ、花押を「本人のもつ地位、権力のシンボルとする観念」により、これを奪う目的で敵（氏綱）の花押と同型のものを使用したと考えられている（佐藤進、一九八八）。この論理にもとづくと、朝興も相模国主の地位は伊勢氏の所有するところであり、自身はすでに挑戦者であるという認識であったのかもしれない。

北条改姓

実は氏綱が「伊勢氏」として明確に名乗るのは、先述の大永三年（一五二三）六月の箱根神社の棟札（むなふだ）が最後、文書では同年と推測される七月十六日に飛鳥井雅綱が宛てた書状（「内閣文庫所蔵文書」）が最後で同年九月十三日には「北条」と称されている。よってこの二ヵ月の間に伊勢から北条に名字を変えたと思われる。改姓の初出については、摂関家の近衛尚通の日記である『御法成寺関白記』における記載によっている。したがって、これは氏綱の完全なる自称ではなく、朝廷の有力者の了解があった上であることがうかがえる。伊勢氏は氏綱やその子氏康が蹴鞠の名家飛鳥井氏から蹴鞠の伝授を受けており（「内閣文庫所蔵文書」）、朝廷との関係も維持しつづけていた。

また、すでに先行研究の指摘がある所であるが、大永四年（一五二四）段階では古河公方足利高基も北条と呼称しているので（「東京大学史料編纂所所蔵文書」）、室町幕府も一定の承認をしていたのではないかと思われる。そもそも伊勢氏は幕府の官僚出身であるので、全時代を通じて史料から確認できるわけではないが、幕府勢力との一定の交流は想定してよかろう。宗瑞の晩年から氏綱の時代でいうと幕府奉公衆であり、氏綱の従弟である小笠原元続等を通じて交流を深めていたものと思われる（黒田、二〇二〇）。

では、氏綱はなぜ「北条」を「この時期」に名乗ったのであろうか。前者について、

「北条」とは鎌倉期の執権である北条氏にもとづくことはあまりにも有名である。執権は官途「相模守」を称した。つまり北条を名乗ることは相模守を称することとほぼ同然であり、それは相模国主としての正統性を主張することに繋がる。よってこの改姓は第一に前述した同国の寺社興行とともに、相模における公権力の正統性をめぐるものであった。争う相手は元々相模守護であった扇谷上杉氏である。この時、扇谷上杉氏と氏綱は小弓公方のもと、同一の政治勢力に属していたことは幾度か述べたが、そういう状況の中でも氏綱の野心は扇谷上杉領国に向いていたと言えるだろう。ちなみに鎌倉北条氏のナンバー2たる連署は代々武蔵守を名乗るが、小田原北条家はすでに相模の大半を手中に収める状態であったから、実際にはその武蔵の扇谷上杉領が氏綱のねらいであった。

とはいえ、伊勢氏と鎌倉北条氏との血縁的なつながりはまったく確認されていないのが現状である。常識的に考えて、まったく由緒もない名字を名乗ることで、周囲の納得を得たりその名字がもっていた社会的地位を継承したりすることが可能なのであろうか。これについては、未だ確証はないものの、以下のような考え方ができる。氏綱の一人目の妻である養珠院の父は「横井北条相模守」なる人物であることが分かっている（『駿河大宅高橋家過去帳一切』）。この横井北条氏は鎌倉北条氏の末流とされ（『寛政重修諸家譜』）、本国は尾張であったが、北条殿に「所縁」があったため、「一方の大将」に取り立てられたという（「異本小田原記」）。

さらにこの横井氏には氏綱父である宗瑞との所伝も見られる。堀越公方足利政知の被官であり、かつ宗瑞の母方伯父である「北条殿」なる人物がおり、後継者がなく死去したため、政知の要請により宗瑞が「北条殿」の後家を妻にし、かつその娘を氏綱の妻としたというものである（「異本小田原記」）。これらから、この「北条殿」が先の横井北条相模守であるとともに宗瑞母方伯父であることから、宗瑞伯父の伊勢貞藤の妻の家系に属する人物とする説がある（黒田、二〇一六B）。

詳細が分かる明確な史料の登場を待つしかないが、少なくとも氏綱の岳父が「横井北条相模守」なる鎌倉北条氏との血縁を色濃くうかがわせる人物であることは、伊勢氏が北条氏に改名する有力な根拠となり得たかもしれない。

ところで、鎌倉北条氏の名字を冠することは、これまで述べてきたように相模と武蔵に所領を持つ扇谷上杉氏との関係が背景にあるが、もうひとつ鎌倉北条氏の持つ意味としては、「執権」の家だということである。関東における当時の将軍は古河公方であるから、いっぽうの執権に擬せられるのは関東管領山内上杉氏である。当時の氏綱がどこまで意識していたかは不明であるが、「北条」を名乗り上杉氏との戦いを志向する以上、それは関東の秩序を激変させる可能性を孕んでいたのである。

北条氏綱は、改姓直後の大永三年（一五二三）九月か十月頃に国境を越えて武蔵小机領（現神奈川県横浜市）に侵攻したと思われる（黒田、二〇二〇）。これを受けてと思われる扇谷上杉氏と山内上杉氏との和睦が、大永四年（一五二四）正月に成立している（「上杉家文書」）。この数年前まで両上杉氏は小弓方と古河方に分かれて軍事抗争を展開していたが（「仁叟寺文書」・「長年寺文書」）、この難局に向けて和解を選択したのであった。

山内上杉憲房は武蔵松山領付近まで出陣してきたようであり（「石川忠総留書」）、これは援軍としての動きであろう。大永四年には、北条氏が山内上杉氏の領国における勝沼領毛呂も掌握している形跡があるので（「関山文書」）、山内上杉氏も同盟の前後に氏綱から攻撃されるような事態があったと思われる（黒田、二〇二〇）。また同盟の同月に当たる大永三年（一五二三）正月には甲斐武田信虎が北条領国への出陣準備をしているので（「勝山記」）、これも扇谷上杉氏との連携によると思われる。

氏綱の武蔵侵攻

氏綱は小机領を制圧したらしく、大永四年（一五二四）正月にはその北方にあたる江戸領に侵攻している（「妙国寺文書」など）。同十三日には扇谷上杉氏の本拠地である江戸城を攻撃した。このとき当主朝興は、山内上杉憲房と家宰である太田永厳とは同盟締結に際して河越城まで移動しており（「石川忠総留書」）、不在であった。その情報を得たからこそ、氏綱は電光石火の侵攻をしたのであろう。その江戸城は、城代の太田大和守資高の弟資貞が内応し、敵を引き入れたため（「年代記配合抄」）、即日落城したという。

これについて扇谷上杉家宿老の三戸義宣は「太田大和入道（資高）の覚悟がないから江戸城が落城したのだ」と述べているから（「上杉家文書」）、兄である資高もこれに同調したのであろう。氏綱は江戸城落居の功労者である資高を厚遇し、本領をほぼ安堵しただけでなく、後に自身の長女を資高の後妻としたという（黒田、二〇二〇）。資高は太田道灌の系譜を継ぐいわゆる江戸太田氏の有力庶家である。道灌の叔父資俊が大和守を名乗っており、その系統を引き継いでいると思われる。

さらに足立郡石戸城（現埼玉県北本市）の太田資頼（道可）もこの時期に氏綱に属したようである（「年代記配合抄」）。その後二月二日には資頼は北条方となって古河公方家に属する岩付城を攻撃し、城主渋江右衛門大輔を討ち取り、そのまま岩付城に入ったと思われる（「年代記配合抄」）。この一流が「岩付太田氏」と呼ばれる系統である。

本拠江戸を瞬時に攻略された朝興の動揺は大きく、翌日十四日には河越から宿老難波田氏が所管する松山領の松山城（現埼玉県吉見町）に移動した。そして翌十五日、今度は山内上杉憲房がいた藤田陣に移動している（「石川忠総留書」）。藤田は榛沢郡藤田であり、花園城主藤田氏の所領である。当地は山内上杉領国であったので、朝興は自身の領国外まで出た形になる。周辺の山内上杉領である由井と勝沼も北条方の勢力となっていた形跡があり、包囲される危険を考えての事とされる（黒田、二〇二〇）。なお時期は不明であるが、この流れの中で河越城も氏綱が接収したと思われる（「上杉家文書」）。

さらに氏綱は三月二十日には足利一門である渋川氏の蕨城を没落させている（「東京大学史料編纂所所蔵文書」）。

こうして、氏綱は約半年の間に両上杉氏の所領を中心とした武蔵南部を手中に収めたのであった。

2　足利・上杉氏と国衆

下総の攻防

さて、前節で述べたように両上杉氏との合戦上のこととはいえ、足利氏ゆかりの所領も奪取していく北条氏綱の姿勢に対して、古河公方足利高基も決して心穏やかではなかったであろう。しかし、氏綱はこれに対する手も一応打っていたものと思われる。氏綱は遅くとも江戸領侵攻前後には、高基に対して忠信を誓う旨を複数回申し入れていることが分かっている。これは直接音信を伝えるだけでなく、上総東金の酒井隆敏などを通じて言上することもあったようだ。

さらに宿老遠山直景からは牛王宝印(ごおうほういん)を押捺した起請文が進呈された。しかし、当然高基もこれを容易には信用せず、当たり障りない返答を返している。ただ高基は「今後の働きの様子による」とも述べているので、わずかなりとも効果はあったのではなかろうか。また、酒井隆敏から足利高基にもたらされた情報として「上総において高基が小弓公方足利義明を赦免するとの話が出回っている」というものがあるから、氏綱は将来、関東足利氏が古河公方に一本化されることを想定して、こういった対応に出た可能性もあろう（「東京大学史料編纂所所蔵文書」）。

ところで、ここに至る古河・小弓方の抗争はどのような状況であったのだろうか。佐貫の大乱以降の様子をまとめてみよう。

小弓公方足利義明の目的は、高基に代わって古河公方となることである。そのためには古河城に入城することが必須であったから、小弓の地から古河までいかに進軍するかが課題であった。いっぽう、古河公方である高基は古河城においてこれを防戦する必要があった。先に述べてきたように、そもそも義明は父政氏の政治的地位を継承した人物であったから、古河城を巡る両足利氏の構図は、永正の乱のそれと類似するものであった。そして、小弓と古河の間にあるのが、下総千葉氏の家宰、小弓原氏の小金領と古河公方宿老簗田氏の関宿城であった。義明にとっての第一目標は小金領を突破することである。

大永三年（一五二三）三月には小金領内名都借にて合戦があり、原氏か、またはその重臣高城氏の家臣と見られる畔蒜（あびる）彦五郎が戦死している（「本土寺過去帳」）。原氏は持ちこたえたようであるが、これは小弓方の侵攻によるものであったろう。小弓はそもそも原氏の所領で周辺は千葉氏の勢力圏であったため、手薄になれば千葉氏や原氏が奪還に動く恐れがあった。しかし千葉氏の本拠付近の臼井氏が小弓方に転じたため、千葉氏も容易に動けなかった。これにより義明は北上が可能になったのであろう。さらに同年と思われる六月には小弓方の安房里見義通（よしみち）が下総某所で軍事行動を展開した後に臼井領とみられる蕨（＝和良比か、現千葉県四街道市）に帰陣している。これは千葉氏の弱体化を図ろうとした小弓方が本佐倉城（現千葉県酒々井町）を攻撃したものととらえられる。そして義明が里見義通に対し、関宿城攻撃の意思を改めて明らかにしている（「喜連川家文書案」）。

大永三年十一月には小金領内および同城にて原氏の被官が殺害されているので、小弓方の攻撃により原氏の勢力下に動揺が広がっていたことがうかがえる（「本土寺過去帳」）。こうして二つの足利氏の抗争は当面小金領をめぐる争いとして推移していくこととなる。古河方の千葉氏と原氏が小弓方の激しい攻撃に晒されている状況を知る高基からすれば、小弓方の扇谷上杉氏と北条氏綱が争っている状況は非常に喜ばしいものであったと思われ、両者について「義明の役には立たないだろう」と述べている（「東京大学史料編纂所所蔵文書」）。

北条包囲網の形成

では、ふたたび武蔵に目を移そう。北条と両上杉の合戦である。大永四年（一五二四）三月までの間に破竹の勢いで武蔵南部を侵食した氏綱であったが、扇谷上杉朝興が同盟者である山内上杉氏と甲斐武田氏とともに反撃に転じた。武田信虎は大永四年二月中旬には一万八〇〇〇の軍勢を率して甲斐国郡内の猿橋（現山梨県大月市）に着陣した。猿橋は甲州街道に面し、関東への玄関口たる要衝である。信虎はここを本拠に隣接する相模津久井領を攻撃した（「勝山記」）。この後、山内上杉憲房から「陣を八十里こちらに近づけてほしい」という要請があったため、憲房のいる武蔵国秩父に移動した（「王代記」）。

その後、反撃の準備が整った扇谷上杉軍は河越城を六月に奪還している。そしてそのまま江戸領まで侵攻したらしい（「妙国寺文書」）。また武蔵にいた武田信虎は七月下旬に岩付を攻落させ（「高白斎記」）、太田資頼をふたたび扇谷方に転じたらしい。反撃のために八月下旬には氏綱は足立郡まで進軍した（「氷川女体神社文書」）。また、山内上杉氏を牽制する目的だと思われるが、遅くとも十月上旬までには越後の長尾為景に連携を依頼している（「上杉家文書」）。

かつて為景は、山内上杉氏との戦いに際して氏綱父の宗瑞に協力を仰いだこともあるか

図17　河越館空中写真（川越市教育委員会提供）

ら、氏綱としてはそういった経緯も踏まえて通交をはかったのであろう。しかし、為景は口頭で何らかの返事をしたのみであったらしい。このやりとりとほぼ同時期と思われる十月十日ころに、朝興と山内上杉憲房は勝沼領である武蔵国入間郡の毛呂城を攻撃した（「石川忠総留書」）。これに対し同十六日には氏綱は陣所としていた江戸城を出発したが、山内上杉氏家宰長尾景長嫡男の憲長からの使者として藤田氏や小幡氏が到来したため、勝沼に逗留した。そして勝沼における藤田氏らと遠山直景らとの会談により和睦することに決まった。

その結果、北条方は毛呂城を明け渡し、退去する（「上杉家文書」）。なお、この時氏綱は武田信虎にも和睦を申し入れたらしく、甲斐府中に一〇〇〇貫文を届けている（「勝山記」）。両上杉氏に加え甲斐武田氏と、三家との戦いの中で氏綱は慎重にならざるを得なかった。

いっぽう、山内上杉家との合戦中遮断されていた越後との交通も、和睦後は開通したようで、氏綱は十一月には長尾為景に戦況を伝えるとともに酒、鷹、蜜柑、絵画などを贈り合っている（「上杉家文書」）。また、どうにか扇谷上杉勢から守った江戸領においては家臣の伊東九郎次郎を下平川（江戸城下）の代官にするなど、その整備を進めた。これらはまた再開されるであろう両上杉氏との戦いに備えた基盤固めと言えよう。

そして講和から四ヵ月後の大永五年（一五二五）二月、早くも両軍の再戦は始まった。とはいえ、さしたる理由なくの合戦は氏綱も躊躇したのであろうか、岩付の前城主渋江三郎の岩付城奪還を大義名分に同城を攻撃した。進軍は雨に阻まれた時もあったが、二月六日には岩付に着陣、終日攻撃を仕掛けてその日のうちに落城を見た。なお、この渋江・北条の軍事行動には渋江三郎の同輩であり、ともに古河公方麾下の国衆である武蔵埼玉郡菖蒲城の佐々木金田氏も連携していたようである（「上杉家文書」）。

これを受け朝興はすぐさま山内上杉憲房に援軍を依頼、同軍が押し寄せてきたので、氏綱は手早く岩付城の差配を渋江三郎に移管し、自身は江戸城まで後退した。このため山内上杉勢は憲房の養子、憲寛が菖蒲城攻撃に取り掛かった。氏綱は江戸城にて両城の兵力を調整するなど、守備についての采配を取った。さらに三月中旬くらいには扇谷上杉重臣である大石氏の葛西領にも侵攻していた（「上杉家文書」）。

朝興は二月の時点で氏綱も秋波を送っていた長尾為景に援軍の要請をしつつ、氏綱は「他国の凶徒」であり、北条による「関東破滅」を訴えたという（「上杉家文書」）。これは、かつて山内上杉氏が宗瑞・氏綱を批判した論調とまったく一緒と言ってよい。北条を「他所者（よそもの）」として排除しようという論理は当然ながら両上杉氏の根底にあった。戦国期の領土拡大は国衆とその支配領域である「領」を合戦や調略により接収することで成されていく。周囲の国衆は、例えば太田資頼や渋江三郎のように寝返りを繰り返したり、所領が無くなったりしても即座に滅亡を遂げるわけではない。したがって朝興が述べる「関東破滅」は同地における自らの支配領域喪失や称序の解体を指す。関東における上杉氏の影響力と領国が消滅することこそが、彼らにとっての「破滅」なのである。

朝興はその凶徒・氏綱を完全に排除すべく、真里谷武田信清を味方に引き込んだ。信清は数度に渡る両上杉氏からの意見を受け、氏綱との手切れを決断したという（「上杉家文書」）。繰り返しになるが、そもそも扇谷上杉・真里谷武田・小田原北条・安房里見らは小弓公方足利義明を推戴する同勢力にあった。その中で扇谷上杉と北条が争うことが、小弓方の目標である古河公方打倒の邪魔していたのである。小弓公方の擁立主体たる真里谷武田までが扇谷上杉方になることにより、義明も里見氏も含めた小弓勢力全体が反北条に転じた。越後長尾為景は未だ立場を明確にしていない。ここに氏綱は、関東における味方勢力をほぼ失うという、最大の危機を迎えることになるのであった。

攻める両上杉軍

この時期の氏綱にとって有利な出来事を探すと、関東管領山内上杉憲房が、大永五年（一五二五）四月に没したことである。その跡は養子である憲寛（のりひろ）が継いだ。憲寛の実父は古河公方足利高基である。かつて高基の兄弟顕実が憲房の前代顕定の養子となった時同様、山内家の古河公方御一家化が再度進んだとも評価できよう。憲寛は仮名四郎を名乗っていたと言われるから、当初から後継者とされていたのであろう。いっぽう、憲房の嫡男憲政は大永三年か四年の生まれであるから（黒田、二〇一三C）、憲房没時点では実質的な後継者とはなり得なかった。

さて、北条包囲網を形成した扇谷上杉朝興は、大永五年（一五二五）八月、武蔵白子原（現埼玉県和光市）にて氏綱と合戦、勝利を納めた（「石川忠総留書」）。白子（郷）は河越から江戸に至る街道上に存在するので、朝興は江戸城奪還をはかったのであろう。この白子原合戦では氏綱方の大将と思われる伊勢（櫛間）九郎が討ち死にしている。この人物は後の玉縄城主北条綱成（つなしげ）の父と見られ、もともとは櫛間＝福島氏であったものが、伊勢氏との婚姻関係を結ぶにあたり一門化したものと捉えられる。この時、津久井は継続的に武田氏に攻撃を受けていた形跡があり（「勝山記」）、そのような状況に対応するため、氏綱が出陣できなかったことから伊勢九郎を向かわせたと思われる。北条方は、江戸城は攻落されなかったものの、大将討死という大損害を被ったのである。

続く大永六年（一五二六）も、小田原北条氏にとっては受難の年であった。まず五月、扇谷上杉氏が武蔵蕨城の奪還を図り進軍してきた（「東京大学文学部日本史研究室所蔵文書」）。また、里見氏重臣の正木通綱（みちつな）と上総武田軍と思われる勢力も品川・石浜に進出した（「妙国寺文書」）。かつては三浦氏の討滅と上総進出などを契機に江戸湾の制海権を掌握しつつあった北条氏であったが、小弓方が敵方となったことを受けて勢力維持が困難になったのであろう。これに対し氏綱は起死回生の策に出た。河越城の攻撃である。しかし、これが実現する前に、六月六日には蕨が陥落し、氏綱は河越から撤退した（「本朝通鑑」）。

またこれと時を同じくしてか、先述した惣社長尾顕景は北条氏と関係に見切りをつけ、越後上杉氏に従う動きを見せる。また、七月には同盟相手である今川氏も甲斐武田氏に攻撃を受けていた。もっともこれは氏綱の動きに関してではなくもともと抗争関係にあったからであるが、氏綱も苦しい軍事情勢の中、伊豆衆を援軍に送った形跡があり、無関係ではいられなかったのである（「勝山記」）。北条氏の味方たちもこうして立場を変えたり、動きが取れなかったりしたのである。

さて、九月以降になるとさらに両上杉氏の進軍が続いた。九月には小机領と江戸領の境目の城である小沢城が攻落された。さらに十一月には両軍はさらに北条氏の領国深くまで侵攻して相模の玉縄城を攻撃されている（「本朝通鑑」）。加えて、里見氏には鎌倉を攻撃されたらしく、この時鶴岡八幡宮が焼亡したという（「異本小田原記」）。

周辺に同陣できる味方もない北条氏綱は、更なる窮地に追い込まれたのであった。

国衆の論理

ところで、ここまで読んでいただいた方は、小弓公方方にいる扇谷上杉氏と小田原北条氏について、「なぜ同勢力で合戦しているのに、小弓公方が調停したり停戦命令を出したりしないのか。全軍が協力すれば古河公方を打倒できる可能性が高まり、有利なのではないか。」との疑問を持つのではなかろうか。

簡単に言えば、これこそが戦国期における国衆の論理であり、公権力とのパワーバランスの問題だと言えよう。例えば室町時代の東国であれば、所領の境目などをめぐって大名が私合戦に及ぶことは禁止されていた。康暦二年（一三八〇）、鎌倉公方足利氏満の制止を振り切り、所領が隣接する下野の宇都宮基綱を攻め殺した同国守護の小山義政は、その後氏満の命を受けた関東管領山内上杉憲方や東国武士の軍勢に攻撃され、最終的に自家壊滅に追い込まれた。鎌倉公方の命令に背くことは、東国全体を敵に回すことに等しかったのである。なお、こういった小山氏の状況は幕府も把握していたから、仮に小山氏が鎌倉府軍を打倒できたとしても、次は幕府軍に攻撃されることになったであろう。

しかし、この鎌倉公方の力も場合によっては揺らぐこともあった。ひとつは幕府との戦いとなった永享十年（一四三八）の永享の乱である。鎌倉府管轄下の東国武士とはいえ、幕府と鎌倉府との戦いでは幕府方に付くのが当時の社会通念であり（「真壁文書」）、多くの武士が幕府軍とそれが味方する山内上杉憲実方になった結果、鎌倉府は瓦解した。

次には、本巻の冒頭でも述べた古河公方足利成氏と上杉・幕府方の対立を軸とした享徳の乱である。対立構造は永享の乱のときと同様であるが、乱が長期化した結果、これまで各武家が内包していた惣領と庶子や当主と家人の抗争が顕在化し、対立する双方が古河方か上杉方と結びつきながら、下剋上が起きたり当主が代わったりしてきた。そして、先に述べたとおり、公方権力は変質したのである。その結果、東国武士全体が古河公方の命令を奉じるわけではなくなってきた。命に逆らっても、圧倒的な軍勢で攻撃されることもないうえ、古河公方も将軍も東国武士たちの軍功承認や所領安堵などの要望を積極的に叶えることで各武家を味方につけようとした。

いっぽう各武家は周辺勢力との合戦を繰り返すことで自領と他領の境目が明確化し、領を形成した。こういった領を支配したのが国衆である。これも、前代であれば下野の武士である宇都宮氏が上総の守護を務めたり、下総の武士である結城氏が安房の守護を務めたりしたことがあった。しかし、享徳の乱の経過のなかで、武家とその領地は一体のものとして形成された。したがって、古河公方や上杉氏が国衆を味方化することはその領域全体を味方化することに等しいのであった。

また、国衆が自領の維持拡大を図るためには、従来の様に上部権力の保証もその手段たり得たが、その力が失われつつある当該期では、戦争を継続することがもっとも有効であった。したがって同一の上級権力に従う国衆であっても、勢力が隣接していれば合戦の危険性は常にあった。当然上級権力はそれを調停しようとするが、うまくいかなければ国衆は所属派閥の勢力拡大よりも、自領の拡大を目指すことになる。これは足利成氏以来、戦国期の上位権力が抱える悩みなのである。

3 古河公方家をめぐって

義明の関宿攻め

ご存じのとおり、本巻は古河公方足利氏と小田原北条氏の対決を描くものであるが、両者の関りは、まだ薄い。よってそれぞれの活躍の中心地である武蔵・相模と房総三国を行き来しながら話を進めている。目まぐるしいが、今しばらくお付き合いいただきたい。

　さて、古河公方位をめぐる戦いについて、近いところでは、大永三年（一五二三）の小金をめぐる戦いや、大永六年（一五二六）に小弓公方方が北条氏と手切れを行い武蔵蕨に侵攻したことなどを述べてきたので、大永七年（一五二七）以降の話をしていこう。

　大永七年四月には、小弓公方足利義明の重臣逸見祥仙（へんみしょうせん）が下総国市川の弘法寺に書状を出している（「弘法寺文書」）。ここで祥仙は同寺に対して、義明の命を受けて「古くからの檀家を昔のように戻す」ことを約束している。いわば、同寺の権益を保証したものになろう。弘法寺は原氏の小金領内にあったから、同領に侵攻する過程であったと位置づけられる。その後同年と思われる九月末ころには小金領内にある原氏の拠点を制圧し、小田氏に軍勢を催促している（「喜連川家文書案」）。原氏は本拠小弓を義明に占領され、第二の拠点小金もまた義明に制圧されたことを受け、義明に従属したと見られる（黒田、二〇一一）。

　これにより、義明はいよいよ古河城攻め最大の障壁である簗田氏の関宿城攻めに取り掛かれることとなった。小田氏への軍勢催促はそのためであろう（遠山、二〇二三）。そしてそのまま関宿まで進軍したのであろう（遠山、二〇二三・石橋、二〇二三）。ただ、関宿の危機には下野小山氏などの援軍も駆け付けたようで、義明軍は押し返された（「秋田重季氏旧蔵文書」）。その後十一月には小金領内の名都借（なづかり）要害（現千葉県流山市）を古河公方足利高基の命を受けた簗田軍が攻撃している。ここには関宿城下で撃退された義明が駐留していたと思われる。またその後、高基自身が出陣した可能性がある（「喜連川家文書案」）。名都借の合戦は両公方軍が在陣した決戦であった。

しかし関宿城の合戦で敗北した義明は形勢不利であった。そのため、義明は敵対関係となっていた北条氏綱に援軍を要請している。これは氏綱に直接依頼したものではなく、氏綱に従属する篠窪二階堂民部少輔にその説得を依頼するものであったが、いっぽう扇谷上杉朝興が足利高基と連動してか北条方の岩付城を攻撃しているから、北条氏綱はこのころからふたたび小弓方となっていた可能性もある。氏綱がこれに応じたかは不明であるが、十二月上旬には高基が帰陣しているから、古河方は名都借を攻落できずに退却したと捉えられる（遠山、二〇二三）。

この点、小弓方の上総武田氏と里見氏の動向は不明である。何らかの事情により出陣していなかった能性がある。いっぽう、義明と氏綱はこのころからふたたび連携を模索していくのである。

父子の相克、ふたたび

双方決め手に欠く形で名都借での戦いを終えた両公方軍であるが、古河公方家には新たな問題が起きようとしていた。

享禄元年（一五二八）に高基の嫡子が元服し、晴氏と名乗った。通例により「晴」の文字は将軍足利義晴の偏諱であり、山内上杉氏・越後上杉氏を介して申請を行った（「野田家文書」）。晴氏の登場は広く認識され、翌享禄二年（一五二九）には小弓公方の里見義豊も安房鶴谷八幡宮に晴氏の武運長久を祈願した棟札を建立した（「椙山本金石集」）。大永年間から高基が病気がちであったことを受けて、この段階で晴氏がすでに家督を継承していたという説もある（駒見、二〇二三A）。

しかし、権力の移譲に支障を来たしたか、あるいはそもそも高基はまだ古河公方位を息子に譲る段階ではない中で、別の政治問題が顕在化したのだろうか、両勢力における抗争が展開する。この点、その政治問題とは高基が北条氏との婚姻を模索したためともされるが（佐藤、一九七八A）、明確な背景は不明と言わざるを得ない。その後の状況から見ると、晴氏は父高基がそうしたように、母（高基妻）の実家である下野宇都宮氏の元に動座してのことであった。この動座は享禄二年八月段階に行われた可能性がある（「鑁阿寺文書」）。当時宇都宮氏は大永の内訌（ないこう）と呼ばれる家中の混乱があり、家宰芳賀高経（たかつね）が実権を掌握し、宇都宮興綱を擁立していた。

そしてその具体的な合戦として、享禄三年（一五三〇）と思われる五月に晴氏が高基の古河城を攻撃するという事態が見て取れる（「小山氏文書」）。その際、両軍は数刻に渡って交戦したが、小山小四郎らの働きにより、古河城の落城は避けられたのであった。その後、同年六月と見られる動向の中で、宇都宮にいた晴氏の古河帰座が実現している（「豊前氏古文書抄」）。晴氏はこの後に公方として活動を始めるから、晴氏派が勝利を納めたことが間違いない。この点、先に述べ高基派の小山小四郎もほぼ同時に没落したと見られる。小山氏の嫡男は代々「小四郎」を名乗るから、先の小山小四郎が小山政長の後継者として家督であった可能性が高い。しかしその後、結城氏からの入嗣であった結城六郎が小山高朝として登場してくることを考えると、この享禄の内乱にも関連した抗争が小山氏内で勃発し、その中で家督の交代に至ったのではなかろうか。

そしてこういった後援勢力の減退が、高基の敗北を決定づけた部分もあろう。また隠居していた足利道長（政氏）も晴氏の早期の帰座を望んでいたから、晴氏方に立っていたと見られる。加えて、足利高基と対決していた義明も相対的に晴氏方になっていた可能性があり、そうすると関東足利家の面々も高基派として活動する者はいなかったと思われる。

父との争乱である永正の乱を勝ち抜き、弟である小弓公方義明との激しい抗争を繰り広げた高基は、一貫して古河公方位を維持することに全精力を傾けたとも言えるだろう。子である晴氏に敗北を喫した時、彼の役割は静かに幕を閉じたのであった。

さていっぽう、ほぼ同時期に山内上杉家でも内紛が起こっていた。享禄二年（一五二九）八月に上杉憲寛が家臣の安中氏を攻撃しようとしたことがきっかけである。これについて扇谷上杉朝興は制止したが、憲寛は出兵を進めた。これに対して西氏、小幡氏が安中に在陣する憲寛を攻撃した。憲寛には箕輪長野氏が味方したが、これらから長野氏と安中・小幡氏の対立が背景にあったことが指摘される（黒田、二〇一三C）。

享禄二年（一五二九）一月に白井長尾景誠が長尾八郎に殺害された事件の収拾に当たっており、こういった家中の活動の過程で安中氏と対立した可能性もあろう。ところで、小幡氏ら反憲寛方は、旗頭として前当主憲房の子、竜若丸を擁立した。両派は二年程度内戦を繰り広げてきたが、享禄四年（一五三一）九月には竜若丸方が勝利し、憲寛は没落した。一説には、小弓公方家を頼って上総に住したという。山内上杉家の家督は竜若丸となった。この人物が山内上杉家最後の関東管領上杉憲政である。

「左京大夫」氏綱

ところで、「関東の上部権力がそろって内乱状態に突入する」という好機に際して、北条氏綱の動きは鈍い。攻撃され続け、領国の維持に時間を割かざるを得なかったか。とはいえ、旧領の奪還を目する扇谷上杉朝興は享禄二年に武蔵高麗郡に侵攻し、吾名蜆城（現埼玉県飯能市）を築城した。同年八月には山内上杉氏が内紛に突入するものの、甲斐武田氏の援軍を得ている朝興は北条との合戦を継続できてたのであろう。これに対して氏綱は享禄二年（一五二九）十二月に江戸城代である遠山直景を吾名蜆城の攻略に向かわせたが、扇谷上杉軍の迎撃を受け、目的を果たすことができなかった（「石川忠総留書」）。

しかも、勢いに乗った扇谷上杉軍は、享禄三年（一五三〇）正月には小沢城（現神奈川県川崎市）と世田谷城（現東京都世田谷区）を攻略し、遠山の籠る江戸城に迫った。落城はしなかったものの、城下を焼き払われてしまったのである。こうした扇谷上杉氏の攻勢も、武田氏の援助があったからである。そこで氏綱が四月に入ると甲斐国の郡内に侵入し、これを納める小山田氏と合戦している（「勝山記」）。これに対して、扇谷上杉氏も武蔵府中に出兵し、氏綱嫡男である氏康が迎撃したと言われる（「異本小田原記」）。さらに翌享禄四年（一五三一）には扇谷方の太田資頼がかつて城主を務めた岩付城を奪還している（「年代記配合抄」）。これにより、北条家の領国はさらに後退していくこととなった。

こうしてみてくると、氏綱は周辺勢力がおおむね敵となってしまった時期から、大永期に小弓公方との関係改善、享禄期には足利氏と山内上杉氏の内紛などにより、窮地を抜け出したものの、甲斐武田氏の後援を受けた扇谷上杉氏との一進一帯の攻防を続けており、決して優勢とは言い難い状況であったとことが改めて感じ取れる。

さて、こうした合戦のさなか、氏綱は従五位下左京大夫に任官している。「従五位下」のように表せるものを「位階」、「左京大夫」のような朝廷での役職を「官途」という。ご存じの方も多いと思うが、従五位以上は昇殿を許される「貴族身分」だから、氏綱はこの時、貴族身分を得たと言える。さらに「四職大夫」と呼ばれる「右京大夫」「左京大夫」「式部大夫」「大膳大夫」の官途は有力な地方大名に与えられる風習があったらしい（木下、二〇一一）。これらのことから氏綱が朝廷勢力に認められる勢力になったと思われる。さらに、そもそも宗瑞は晩年まで無位無官であったことも考え合わせると、小田原北条氏自体の家格が認められたと結論付けられる。さらに鎌倉北条氏の執権であった泰時や政村が「左京権太夫」を名乗ったことから、かつて執権であった鎌倉北条氏の自身を重ねることで、現在の執権＝管領である上杉氏への対抗を示したとも評価できる（黒田、二〇二〇）。

そしてこうした官途受領の交渉は、藤原氏の血を継ぐ五摂家の最有力者であった、近衛尚道の仲介によって実現した可能性が高い。氏綱は享禄二年八月に、交流はあったものの一度途絶えた近衛尚通との音信を復活している（「陽明文庫所蔵　後法成寺関白記享禄四年紙背文書」）。ちなみにこの時、尚通は氏綱のことを「北条殿」と呼んでいることに対し、自身の日記である『後法成寺関白記』翌享禄三年（一五三〇）二月十七日の項には氏綱を指して「北条左京大夫」と述べているので、この間に叙位任官を果たしたことが確実である。

加えて記しておくべきは、氏綱が享禄四年（一五三一）三月から翌享禄五年（一五三二）四月までの間にその近衛尚通（ひさみち）の娘「北藤」を後妻に迎えていることである（『実隆公記』・

『後法成寺関白記』)。これにより氏綱は当代きっての公家である近衛家と姻戚関係となることで、より家格の向上を果たしたのである。

さらに北藤の妹は将軍足利義晴の正室でもあったから近衛家を介して京都の将軍家との関係も構築されたのである。もとより伊勢家は幕府の家臣であったわけであるので、氏綱の代にいたっても、京都の伊勢家や小笠原家、蜷川家らとの関係は見られるが、より高次の立場を手にしたと言ってよい。

4 房総紊乱

安房里見氏の成立と展開

本巻の記述は天文期に入る。天文初期は小弓公方足利義明を支えた安房里見氏と上総真里谷武田氏に内乱が起こった時期である。これらの事件は、当然古河公方と小田原北条氏双方に関係するものであるので、以下、その経過を追ってみよう。

まず里見氏の「天文の内乱」は天文二年(一五三三)七月から翌天文三年四月に起きた。里見氏はそもそも安房に土着していた武家ではない。その出自は上野新田氏であり、上野国薄井郡里見郷に拠った義俊に始まるという(『尊卑文脈』)。里見氏は、南北朝期以降は足利氏の一門として幕府・鎌倉府から遇された。とくに東国においては、里見刑部大輔なる人物が鎌倉府軍の大将として佐竹氏らと合戦した。

当時の里見氏は常陸にも宍戸荘志太利柳郷（現茨城県笠間市）などの所領を持っており、そういった所領を生かし、合戦に従事したものと思われる（滝川、二〇二二）。里見氏はそれ以前から鎌倉府の直臣として動向が確認され、同じく直臣としての性格も有していた宍戸氏の本領である宍戸荘に所領が設定されているのは、宍戸氏の一族も関与した可能性がある小田氏の乱などきっかけに鎌倉府の御料所となった地を、里見氏に預け置かれたことが想定できようか。

鎌倉府管轄内で活躍した里見氏は何流かあった可能性があるが、安房での動向が分かるのは戦国期からで、足利氏と上杉氏が激しく対立した享徳の乱において、安房の足利方糾合のために成氏から派遣された可能性が高い。その安房に入部した一門がどの系統の里見氏なのかは、美濃里見氏を出自とする説や、常陸（小原）里見氏を出自とする説など諸説あるが、近年発見され、安房里見氏の初見史料とされる「妙興寺文書」に登場する里見氏が、常陸に活動の痕跡を残す「刑部大輔」と呼ばれているから（滝川、二〇一五）、その時点では常陸系の一流であった可能性が高いであろう。

里見氏の安房における初代は義実であるが、その動向は、その子とされる義成とともに、まったくと言っていいほどわかっていない。しかし先述のような背景の中で安房に来訪した義実は、国内に散在する鎌倉府旧御料所や一色氏などの直臣の残党などを糾合して安房での勢力樹立に努め、その事業は義成の子である義通と実堯に継承されていくのであろう。

その義通の動向が初めて客観的に分かるのが永正五年（一五〇八）であった。義通は自ら「大旦那副帥」を名乗り、足利政氏を奉じた形で安房惣社である鶴谷八幡宮に棟札を納めたのである（「鶴谷八幡宮所蔵棟札銘」）。その際、のちに宿老となり、当時は安房東部に勢力を持っていた正木一族の通綱も「国衙奉行人」として登場しており、里見家の体制が整いつつあったことを示す。

しかし、いっぽうで先に示した「里見刑部大輔」が登場する永正元年（一五〇四）には一族の内紛が起きており、足利政氏がその調停を求められる事態となっている。そのため、里見氏全体および安房全域が里見義通の下に統一されていたわけではなかろう。その後にあたる永正十一年（一五一四）には、義通は弟と思われる里見実堯とともに北郡に進軍した（「中状見聞　私」）こともそういった事態を如実に示している。安房里見氏草創の歴史は、そもそも先に挙げた「里見刑部大輔」がだれにあたるかも含めて、今後の検討課題である。

義通の後継者である義豊(よしとよ)は、義通存命中と思われる永正九年（一五一二）からその活動が見え（「里見家永正元亀中書札留抜書」）、遅くとも享禄二年（一五二九）には家督を継承していたと思われる（「楯山本金石集」）。先述したように真里谷武田氏とともに小弓公方の主力として軍功を立て、古河方の千葉氏や敵対した北条氏と合戦を行うなど活躍した（「喜連川家文書案」・「品川妙国寺文書」）。

天文の内乱――里見氏の場合

そんな里見氏に激震が走るのが天文二年（一五三三）である。この年の七月二十七日に里見氏の宿老であった正木通綱が義豊に討ち取られ、同日に里見実堯も誅されたのである。このことを記す「快元僧都記」には、まず正木通綱の件が記され、その後実堯のことが記されているので、当時の正木氏の知名度を評価する向きもある（滝川、二〇二二）。

しかし、父の代からの重臣である通綱と、北郡を支配する有力一門の実堯を同時に殺害するということは、義豊方にもよほどの事情があったものと思われる。この点、先行研究では実堯と通綱が結び、義豊に反抗的な態度を取ったことや、その後の状況から判断して北条氏と連携していたことが指摘されている（滝川、二〇二二）。反抗の主導権がどちらにあったかは定かではない。先の「快元僧都記」の書きぶりからすると、正木氏が主導し、義豊に代わる当主として実堯を擁立したとも考えられよう。また実堯が「誅(ちゅう)」されたと記されていることを考えると合戦による討ち死になどではなく、義豊の居城である安房稲村城（現千葉県館山市）などで不意に粛清された可能性が高いが、わざわざ危険を冒して登城することを考えると、実堯自身がどこまで関わっていたかも検討すべきであるが、いずれにせよ、義豊が領国の安定支配のためにこの両名を討った可能性が高いのである。

この事件直後の正木氏の様子は残念ながら史料がなく不明であるが、里見実堯方の動向は分かっている。実堯には義堯（よしたか）という子息がいた。永正四年（一五〇七）生まれと思われるので（「唯我尊霊百日記」）、父実堯死亡時は二七歳であった。実堯は兄である義通とともに軍事行動によって手に入れた北郡の代官を務めており、その居城は安房と上総の国境に位置する金谷城であるとされる（「延命寺源氏里見系図」）。そこから上総の百首（ひゃくしゅ）城（現千葉県富津市）に避難した（「快元僧都記」）。百首は、上総武田道存の城である。実堯と武田道存は日頃の親交があったのであろう。

さらに義堯はすぐに北条氏綱に援助を求めたらしい。翌八月十七日には、扇谷上杉氏が北条方の江戸城に攻撃しているが（「須藤井重田文書」）、氏綱はこれに対応しながらも同月二十一日には、子息玉縄城主北条為昌（ためまさ）指揮下の水軍を安房に派遣し（「越前史料集所収山本文書」）、日蓮宗の寺院である妙本寺付近にて両軍は激突した。北条氏の軍事介入によって義豊は追い詰められたのか、翌九月二十四日には滝田城（現千葉県南房総市）のみを残して義豊派は上総の真里谷如鑑（じょかん）（信清の法名）のもとに逃れたという。また残存していた義

図18　里見義堯（正源寺所蔵、君津市立久留里城址資料館提供）

豊派の一色氏もほどなくして誅殺された（「快元僧都記」）。

こうして安房は、ほぼ里見義堯の指揮下に置かれたと思われる。なお、この最中である九月六日には北条方の津久井城（現神奈川県相模原市）で合戦が起こっており、これはかつてそうであったように甲斐武田氏の攻撃によると思われるから（「快元僧都記」）、やはりすでに指摘されるように、義豊派は扇谷上杉・甲斐武田氏と、実堯（義堯）派は北条氏と結んでいたのであろう（滝川、二〇二二）。

そして上総に逃れた義豊はこれで引き下がったわけではなかった。翌天文三年（一五三四）四月には義豊が安房に進軍するという情報が北条氏綱のもとにもたらされ、再度の軍勢派遣が決定した。四月六日には安房某所で両軍の合戦が行われ、義豊をはじめ数百人が討ち取られ、義豊の首は小田原に送られた（「快元僧都記」）。これにより里見氏の家督は名実共に庶流であった実堯流の義堯が継承した。義豊の首が小田原に届けられた背景には、義堯の勝利に氏綱の軍事力が大きな役割を果たしたことと、新生里見氏にとっては北条氏が上位権力として存在することを示す。氏綱の介入により房総のパワーバランスも変化の兆しが出てきたのである。

上総武田氏の登場と発展

次に安房の隣国上総に目を向けよう。前項で父を殺された義堯も、追い詰められた義豊も、逃れた先は上総であった。ただその逃亡先に違いあり、義堯は百首の真里谷武田信隆であり、義豊はその父真里谷武田恕鑑であった。ここに父子間における政治的立場の違いが見られ、上総武田氏内部でも内乱が起きていたことが分かる。ここではその内実について詳しく見ていく前に、まずは本巻でも度々登場する上総武田氏の来歴について、簡単に触れておく。

多くの読者は「武田」というと、本巻でも触れている甲斐武田氏を想起するであろう。実は戦国期における上総武田氏も、この甲斐武田氏の血脈を受け継いでいる。室町期の甲斐武田信満の庶子、信長（のぶなが）が上総武田氏の始祖である。信長は甲斐守護を巡り宗家を争い、鎌倉公方足利持氏から討伐軍を向けられたこともあるが、最終的には持氏に臣従し、その近臣的な存在になった。次代公方の成氏にも重用され、享徳の乱が始まる前には上総国造海（つくろうみ）郷を拝領している（「士林証文」）。実際に信長が上総での活動を本格化させるのは享徳の乱勃発後であるが、成氏としては上総に強力な与党を配置したかったものと思われる。

図19　房総勢力図（黒田基樹『戦国の房総と北条氏』岩田書院、2008年より）

その点では里見義実が安房の糾合を望まれて入国した状況と似ていると言えるだろう。

　そうして成立した上総武田氏であるが、これまでまったく上総に所縁がなかったかというとそうも言えない節がある。というのは、南北朝時代に市原郷を支配する勢力として「武田七郎三郎資嗣（すけつぐ）」が存在しており、信長の子とその孫である「信嗣」と「清嗣」の「嗣」に通じているため、甲斐武田氏と同族であった可能性がある。また、のちに長南武田氏の本拠となる長南にも、信長の登場以前から武田氏が存在した形跡がある（「上行寺過去帳奥書」）。こうした血族との関係を足掛かりにして上総に乗り込んできたとも考えられるのである。ただ、信長の嫡孫である武田道存が造海郷の百首城にいたことから、信長が成氏から拝領した同郷を本拠として発展したと思われる（黒田、二〇一二C）。

武田信長の子孫は造海郷百首を本拠にした嫡流と畔蒜荘真里谷城の真里谷武田氏、長南郡長南城の長南武田氏などに分流し、さらにその次の段階では夷隅郡の万喜や小田喜、望西郡の笹子、望東郡の久留里、天羽郡の佐貫などに分家が創出され、上総各地を支配下に置いていく。真里谷武田氏の初代は信長の庶子とみられる清嗣である。そうすると信長は百首を本拠にし、江戸湾を背に北東に勢力を拡大し、峯上・久留里・佐貫などの拠点を取り立てたものと思われる。

ところで、信長や清嗣の時代に長南を支配していたのは、下総千葉氏の同族である上総氏であることが分かっている（黒田、二〇一二C・石橋、二〇一四）。この千葉系上総氏は享徳の乱のときには古河公方派であったが、将軍足利義政の幾度かの勧誘を受けて、小山氏などの北関東の武士層の離反と足利成氏の房総移座を契機に幕府・上杉方に寝返った。その後、同派の太田道灌に攻撃を受けているので（「太田道灌状」・「年代記配合抄」）、ふたたび古河公方派に転じたのであろうか。この千葉系上総氏の家宰と思われる角田氏は上総介と下総千葉氏と同様の家紋であり（「見聞諸家紋」）、平安末期の房総を代表する武士である上総広常の血脈を継承する角田氏の一流である。角田氏は鎌倉・南北朝期にも真里谷（現千葉県木更津市）・安蒜荘（現千葉県君津市など）などに足跡を残すが（「覚園寺文書」・「千学集抜粋」）、もともと上総国墨田保（現千葉県茂原市）を名字の地としているとされる（野口、一九九七）。

いっぽう、武田氏の一族にも須田を名乗る人物が存在することと、先の角田氏の足跡が残る真里谷や安蒜が上総武田氏の所領に組み込まれていることを考えると、婚姻関係や養子縁組などを通じて角田氏を取り込み、真里谷や長南の支配を強化していった可能性もあろう。近年の研究では長南武田氏の成立が真里谷武田氏の成立よりも一世代遅いことが分かっているが、それは武田氏が角田氏を取り込みつつ、長南を本拠とする千葉系上総氏を没落させることに一定の時間を要したと言えるだろう。

天文の内乱—武田氏の場合

そうした勢力伸長の過程で獲得した真里谷を支配したのが信長の庶子と見られる清嗣、その子信嗣の系統である。この系統は百首城の本家に比して嫡流の一門であったが、三代目の信清の代に至り、上総内外に大きな動きがあった。すでに本巻では既述のところであるが、永正十三年（一五一六）、真里谷武田信清は上総北西部における所領をめぐり、小弓原氏と抗争するにあたり、小田原北条氏を招聘した。その後、永正十四年には原氏の小弓城を占領し、翌年には小弓公方足利義明を里見氏とともに擁立したのであった。このような動向の過程で、真里谷武田氏は上総武田氏の惣領としての地位を取得していったと思われる。

その後の真里谷武田恕鑑（信清）は小弓公方方として活動していくが、天文三年（一五三四）初頭にはその嫡男大夫全鑑（ぜんかん）に家督を譲ったらしい（「大藤文書」）。そしてその後、まもなく死去したものと思われる。しかし、実際には上総武田氏は前項で見たように、里見義豊を庇護した恕鑑―全鑑の本家と北条氏とともに里見義堯を援助した百首の武田道存に分裂の兆しがあった。それは、先に見た天文三年四月の里見義豊滅亡をもっても根本的な解決には至らなかった。翌五月には足利義明が出陣して「上総衆退治」なる事態になっているから（「快元僧都記」）、これまで自身を支援してきた義豊を滅ぼした義堯方に対する反撃を行ったのであろうか。

さらに同年十一月には真里谷軍が同領内にある椎津城（現千葉県市原市）を攻撃しており、これにも義明が出陣している（「快元僧都記」）。この時、真里谷武田氏の指揮を執っていたのは何者か不明である。というのも、恕鑑の嫡子全鑑も天文三年（一五三四）か同五年（一五三六）に死去しているのである。したがって、死去していればそれにともなう内乱であり、存命であれば、椎津城にいる上総武田氏一族が里見義堯派として、その攻撃を行ったということであろう。またこれに関連した事態とも思われるが、十一月二十一日には大永七年（一五二七）から小弓公方に属していた原基胤が離反した（「井田文書」）。

これにより激怒した義明は大台の井田氏に対して、椎崎千葉氏と相談の上、その立場を明確にするよう迫っている。そして、これを機に千葉氏は、原氏と協力し、小弓の奪還を図ったらしく翌天文四年（一五三五）六月には小弓方と合戦した。しかし千葉方は返り討ちに合い、原基胤は討ち取られている（「本土寺過去帳」）。これにより原氏はふたたび小弓方になったと思われる。そして千葉氏も小弓方に従属した可能性がある（黒田、二〇一六B）。


上総武田氏による天文の内乱はさらに続くが、後年の話であるため章を改めたい。ここまで見てきたように、当時の房総は古河公方足利方にとっても小弓公方足利氏・小田原北条方にとっても与党が存在する、重要な地であった。そして両派の与党が存在することで、その情勢を鏡に映すがごとく房総は紊乱したのである。安房里見氏は小弓方であった義豊系から義堯系となったことで、小弓公方とは敵対関係になったと言ってよい。

また義堯を支持した北条氏綱も間接的にではあるが義明と一定の距離ができた。さらに上総武田氏においても里見氏における天文の内乱をきっかけとして内紛が起き、小弓公方が軍事行動をする事態となっている。こうしてみていくと房総における二つの天文の内乱は、まずは小弓勢力の著しい弱体化を招いたと言えるだろう。小弓公方義明はそれが分かっていたため、自身が二回も出馬し、味方勢力の確保に努めたとも見える。

しかし、そうして小弓公方から離れた里見義堯や北条氏綱が即古河公方方に列したわけでもない。二つの内乱の陰で関東足利氏を頂点とする社会そのものも、また綻んできたのである。

三　第一次国府台合戦と北条氏綱

1　公権力への道

鶴岡八幡宮修造計画

本章では北条氏綱がさらに社会的地位を高め、発展していく様子を描く。房総における天文の内乱のいっぽうで、北条領国の中で進められている事業があった。それが鶴岡八幡宮の修造である。これまで、宗瑞や氏綱は領国の寺社整備を進めてきた。それは公共事業や寺社興行も戦国大名としての社会的責任であることによる。その意味ではすでに氏綱の領国内にある鶴岡八幡宮を修造することは、他の寺社整備と変わりのない性質も持つ。

しかし、鎌倉と鶴岡八幡宮は鎌倉開幕以来、武家政権では特別な意味を持ち、その精神的な支柱であったと言っても過言ではない。その修造主体は室町期にいたっては古河公方の前身である鎌倉公方であり、鶴岡八幡宮の最高権力者である別当＝雪下殿は小弓公方足利氏が継承していたのであった。したがって、これを氏綱が担うことは、足利氏のもっていた公権力の一部を行使することに繋がり、かつ両足利氏やそれに連なる両上杉氏らの勢力との関係にも大きく変化をもたらす可能性を秘めていたのである。

実際の計画は天文元年（一五三二）の五月から始まっていた。同月十八日、氏綱は大道寺盛昌（もりまさ）と笠原信為（のぶため）に命じて社頭に配置する古木や周辺の樹木について捜索を命じた。これ以前に鶴岡八幡宮の造営については、真里谷武田恕鑑を通じて小弓公方義明に話をしており了承を取り付けていたが、その実否を確認するため、小別当大庭氏を小弓に派遣している（「快元僧都記」）。この前後で義明は雪下殿を辞し、新たな人物にその跡を取らせている。これがのちに雪下殿として登場する足利家国の可能性もあろうが（黒田、二〇一〇）、詳細は不明である。しかし、いずれにせよ、氏綱はこの事業の開始に当たり、自身の上位権力に当たり、かつ鶴岡八幡宮と不可分の関係にあった小弓公方義明に断りをいれていることが注目すべきことであろう。これに対して六月には特に問題ない旨の返事を携え、大庭氏は戻っている（「快元僧都記」）。

こうして造営の大義名分を得た氏綱は、翌天文二年（一五三三）二月から、近隣の国衆に対して勧進の依頼を始める。実現に向け費用の回収に動いたのである。二月には相模津久井の内藤氏や武蔵勝沼の三田氏、同じく由井の大石氏、自身に従う国衆や、上野の安中・長野・小幡など山内上杉家配下の国衆が費用供出に応じた（「快元僧都記」）。翌三年（一五三四）には当初は小弓方にあった里見義豊・真里谷武田如鑑・小弓原基胤らに対して依頼が成された（「大庭文書」・「快元僧都記」）。

しかし、翌月、里見・武田両氏からは了承しない旨の返事が来たのである。いっぽう下総千葉昌胤は十一月下旬に了承の返事をしている。北条氏の主催する公共事業に賛同し勧進すれば、政治的に同氏の下風に立つと見なされる。そういったことを避けたいという意思が働いたのであろう。ただ、山内上杉配下である国衆たちは、特に政治判断があったわけではなく、鶴岡八幡宮の修造そのものに協力的であったと評価できようか（黒田、二〇二〇）。逆に北条氏にとってみれば、自身が未だ小弓方の一勢力であるとはいえ、勧進への可否は北条氏に対する好悪の物差しにもなり得た。その不承知の返事をしたであろう里見義豊は、翌年の天文の乱により滅亡し、武田恕鑑も既述のとおり死去するわけであるが、いずれにせよ、修造の費用調達は必須であった。氏綱は今後数年間にわたり、状況を見定めながら勧進の依頼を周辺国衆に行い続けるのである。

甲斐・相模での連戦と房総緒氏

通常政務の傍ら、天文の内乱へ援軍を出し、かつ鶴岡八幡宮造営事業の準備をしている氏綱であったが、西に目を向ければ未だ扇谷上杉と甲斐武田氏との抗争は継続中であった。

里見氏天文の内乱の際に記したが、天文二年（一五三三）八月には北条方の江戸領に扇谷上杉氏が侵攻しており（「妙国寺文書」など）、十七日には江戸城が攻撃されている（「須藤井重田文書」）。翌九月六日には、またしても津久井に甲斐武田軍が侵攻している。こちらは一日で退却しているものの、扇谷上杉・甲斐武田の共同作戦が続いていた様子がうかがえる。

氏綱もこのような扇谷上杉・甲斐武田の動向を察したか、八月七日から玉縄城に在陣し、十月中旬まで滞在して小田原に帰還した。しかし、翌十一月も扇谷上杉氏が河越から進軍して相模中郡の大磯・平塚・一宮を焼き討ちにした（「快元僧都記」）。扇谷上杉・甲斐武田両軍の作戦は、頻繁に攻撃を仕掛け、氏綱軍が安房の内乱に介入することを抑止したかったのであろう。しかし、氏綱は里見義堯支持の姿勢を崩さなかったと思われる。

それもあってか、足利義明との関係も微妙なものになってきた。天文三年（一五三四）閏正月には江戸城代であり、重臣である遠山綱景の下総での動向が何らかの問題となったらしく、氏綱は真里谷武田恕鑑を通じて、義明に取りなしを求めている（「大藤文書」）。これは下総千葉氏や原氏に関する何らかの働きかけである可能性もあろう（黒田、二〇二〇）。この時、氏綱は事なきを得たものの、同年四月にはいよいよ小弓公方と親密な里見義豊が里見義堯と北条氏の連合軍の前に敗死してしまい、さらに小弓公方との関係は隙間風が吹くようになった。

同じく同年七月になると、駿河の今川氏輝が甲斐武田信虎と合戦を行っており、氏綱が今川軍に援軍（伊豆勢か）を派遣している（「塩山向嶽禅庵小年代記」）。これに対して翌天文四年（一五三五）七月には、武田信虎が逆に駿河を攻撃したが、これに対しては氏綱自身が援軍として出陣した（「為和集」）。氏綱は八月十六日に出陣し、二十日には駿河に入った（「快元僧都記」・「為和集」）。その中心は氏綱、弟長綱（のち宗哲幻庵）、嫡男氏康、三男で玉縄城主の為昌であったとみられる（「為和集」・黒田、二〇二〇）。合戦は前日の十九日から始まっていたが、北条軍は二十二日に甲斐郡内で武田信友・小山田信有の軍と激突、信友を戦死させる戦功を挙げた。そしてそのまま翌二十三日にかけて上吉田と下吉田を焼き討ちした（「勝山記」）。さらに同日のうちに甲斐を経ち、二十四日には小田原に帰還した（「快元僧都記」）。

こうしてみると、今川軍の要請に答えたとはいえ、腰を据えて武田軍を殲滅するというよりは、これ以上味方への攻撃を行わないように叩ければよかったというつもりであったのか、氏綱が小田原を離れることで、扇谷上杉氏が襲来することを警戒したとも考えられる。そしてそれは杞憂ではなかった。扇谷上杉氏は九月下旬から十月上旬にかけて一昨年に引き続き相模中郡が攻撃されている（「快元僧都記」）。あるいは、氏綱の出陣と帰陣が思いのほか早く武田信虎への援護とはなり得なかったかもしれないが、氏綱自身も効果的な迎撃ができる状況ではなかった。

しかし、氏綱は扇谷上杉氏に対しての報復を決意、自身の領国である伊豆・相模・武蔵だけでなく、「房州・総州」の軍勢も動員しており、里見氏と上総武田氏の従軍が想定されている（「快元僧都記」・黒田、二〇二〇）。上総武田氏はこの年天文四年（一五三五）六月に鶴岡八幡宮の勧進に応じているので、北条氏の接近が見られる。あるいは、下総勢（原氏か千葉氏）の可能性もあるだろう。ともかく、今川氏は別としても、扇谷上杉氏と甲斐武田氏にこれまでほぼ独力で対峙しなくてはいけないところを、房総の勢力を動員できる形となったことは大きかった。これはこれまで述べてきた、天文の内乱での北条氏の動向とそれによる房総各氏の政治的立場の変化が大きいであろう。そして、十月十五日、扇谷上杉氏方河越領と小田原北条氏方由井領の境目である入間（いるま）川で合戦し、見事勝利を納めたのであった（「甲州山中・武蔵河越入間川両合戦図」）。

いっぽうこの年九月に甲斐武田信虎や山内上杉氏が小弓足利氏に接近している様子がうかがえる（「逸見文書」）。この仲介は扇谷上杉氏によってなされていると評価されており（黒田、二〇二〇）、北条氏をさまざまな形で疎ましく思っている勢力の糾合が図られている。武田信虎は小弓足利氏の重臣逸見氏に対しての文書の中で河越への出陣にふれているから、北条氏と扇谷上杉氏との合戦の際には扇谷上杉氏への援軍として行動することが計画され、これについて足利義明も承知していたことなのであろう。さらにこれまで小弓公方と一定の距離をとってきた山内上杉氏も小弓公方と交流も持ち始めていることも注目される。北条氏が強大化することは、関東の旧勢力にとって明確な脅威となっていたのであろう。

今川氏との関係

小田原北条氏と駿河今川氏が深い関係をもっていたことは、本巻の初めより何度も述べてきた。その根幹は氏綱の伯母であり今川家に嫁した北川殿の子、今川氏親が今川家の家督を継承したことである。それ以降、伊勢家（北条家）は今川家とまさに一心同体の関係でもって各種の戦を切り抜けてきた。今また、甲斐武田氏という共通の敵を前に共同戦線を張っているのである。

ところで、この北条家・今川家の間では北川殿以来、婚姻関係が見られなかったが、ここにきて、氏綱の嫡男氏康と氏輝の妹、瑞渓院殿（ずいけいいん）との婚姻が持ち上がった。天文五年（一五三六）の二月に氏輝が小田原に訪れているから（「快元僧都記」）、婚姻の時期は同月からそう遠くない時期とみられる。この時、氏輝は妹の婿となる氏康に挨拶したものと思われる。武田家の脅威を前に両国の同盟関係をより強固にせんとする意味があったのだろう。氏輝は公家で歌人の冷泉為和（ためかず）をともなって小田原を訪れ、約一ヵ月滞在した。

しかし、駿河へ帰国した十日ほどたった三月十七日に同母弟彦五郎とともに死去してしまった。原因は流行り病と思われる（「快元僧都記」）。氏輝はこの時二四歳であり、未だ嫡男はいなかったから、駿河今川家は氏親が家督を継いだ時の様に後継者問題が持ち上がった。

その候補としては氏親次男で氏輝の異母弟の玄広恵探（げんこうえたん）と、同三男で同じく異母弟の梅岳（せんがく）承坊（しょうぼう）がいた。二名とも大名家の庶子に多くあるとおり、出家していた。玄広恵探の母は今川家臣の福島家の出身であるのに対して、梅岳承坊の母の方がやや身分が高かったらしく、当時氏輝にかわって家長となっていた氏親後室の寿桂尼は梅岳承坊を支持した。しかし、玄広恵探を支持する福島家などの反対派もいたため、両派は四月下旬に武力衝突に発展している。この内乱は玄広恵探の在所「花蔵（はなくら）」から「花蔵の乱」と呼ばれている。

これに対して、おそらくは寿桂尼等からの依頼があったのだろうか、氏綱も承坊方として出陣している。その結果、六月八日には玄広恵探もその後援者である福島一門も氏綱の軍勢が壊滅させたという（「勝山記」）。その結果勝利が確定した承坊は八月には還俗する。この承坊こそ、いわゆる「桶狭間の戦い」で著名な今川義元である。こうして氏綱は、奇しくも父宗瑞がそうであったように今川家の家督をめぐる争いに介入し、新当主の誕生に大きな役割を果たしたのである。

この年、詳細な時期は不明であるが、甲斐武田氏の津久井進攻が継続しており（「勝山記」）、氏綱としては武田氏に警戒しながらも承坊方への支援を行ったことになる。氏綱にとって、姻戚であり盟友である今川家を重視する姿勢は、堅持すべきものであったのである。しかし、氏綱にとって信じがたい出来事が起きた。翌天文六年（一五三七）二月に、今川義元は敵対していた武田信虎の長女である定恵院殿を正室として迎え入れ、同盟を締結したのである。

この背景については明確ではないが、武田信虎は天文四年（一五三五）には今川・北条連合軍に侵攻され大きな被害を受けており、この対立構図が続くことを危惧しており、また今川義元も武田氏とのこれ以上の抗争に消極的であったとも評される（黒田、二〇二〇）。そうしたところから、今回の同盟が模索されたのではなかろうか。しかし、氏綱にとってそれは受け入れられるものではなかった。今川氏とは違い、氏綱にとって武田氏は自身がもっとも激しく敵対している扇谷上杉氏の同盟者でもあった。武田氏との和解は扇谷上杉氏との妥協を生むことにも繋がるのだ。ちなみに扇谷上杉氏はすでに天文三年（一五三四）に武田家の婚姻関係を成立させていた（「妙法寺記」）。

天文六年（一五三七）二月十八日、北条氏綱は、鶴岡八幡宮相承院の供僧、快元を小田原に招き、出陣の祈祷を行った。氏綱は、今川氏との関係断絶を選択し、駿河攻撃を企図したのである。おそらく彼の人生の中でも有数の決断であっただろう。同月二十一日から行軍が開始され（「妙覚寺文書」など）、おそくとも翌月三月七日には駿河河東地域のうち、駿東郡と富士郡の攻略を順調に進めており（「相承院文書」）、その勢いは止まらず、庵原郡興津にも侵攻をしている。

これに対して武田軍と扇谷軍が今川家の支援のために軍勢を派遣したらしいが、すぐに撤退したようである（「快元僧都記」）。しかも三月下旬には遠江と三河にも調略をかけている様子がうかがえる（「高橋健一氏所蔵文書」）。まさに破竹の勢いで今川領国を侵攻している。氏綱は一度小田原に帰還するが、北条氏と今川氏の河東地域をめぐる抗争はこれ以降も継続するのである。この一連の事件を「河東一乱（かとういちらん）」と呼んでいる。

なお、この抗争の最中である四月二十七日に上杉朝興が死去し、嫡子朝定が家督を継承した。

2　国府台合戦

上総天文の乱その後

さて、河東一乱に一定の区切りをつけた氏綱を待ち受けていたのは、房総での事態であった。真里谷武田氏の内乱の再発である。先に上総武田氏が北条氏の扇谷上杉攻めに恕鑑の後継者全鑑も天文四年までには確実に死去しているので、この時の当主は全鑑舎弟の信隆（のぶたか）であろう。そして、天文六年（一五三七）五月にはふたたび内乱が起きるのであった。

この内乱の実態も不明確な部分が多いが、先行研究によって内容を整理すると次のとおりである。

天文六年五月に当主であった信隆に佐貫城の叔父武田信秋が反旗を翻し、真里谷城を攻撃、これを受けて信隆は峰上城（現千葉県富津市）に退却したようである。信隆は北条氏綱の鶴岡修造事業に積極的に協力するなど、親密な関係にあったから、氏綱に援軍を要請したらしく、これを受け氏綱は大藤栄永（金谷斎）を派遣した。栄永は信秋方に渡った真里谷城奪還を目指し、同城の向かいに新たな城を構築した。この城を真里谷新地城と呼んでいる。さらに北条氏綱は里見義堯にも協力を要請している。安房に近い百首城と、その北東に位置する久留里城は信隆方だったと思われる。その情勢はまさに「上総錯乱」（「快元僧都記」）の様相を呈した。

しかし、佐貫武田信秋は小弓公方足利義明に支援を要請した。その結果、義明は信隆が籠る峰上を攻撃した（「快元僧都記」）。この事態により、上総の戦局は一変、義明の支持する信秋方が優勢となった。この事態に危機感を覚えた氏綱は、足利義明との和睦を模索する。

和睦と言っても、義明は形式上といっても氏綱の上部権力であるので、氏綱が義明に赦免を請う形である。氏綱は鎌倉東慶寺にいる、義明の姉妹（義明との長幼は不明）である渭継（いけい）に仲介を依頼した。五月十七日には渭継から返事が来たようで、「門前諸役（もんぜんしよやく）」（東慶寺諸役の免除であろうか）などいくつかの要望も寄せられたようであるが、氏綱は「東慶寺から（義明さまへ）の申し入れが大事です」と述べ、その求めに応じつつ、丁重な返書を認めている（「東慶寺文書」）。

しかし、安房の里見義堯が信秋方に寝返ったため、安房と上総の国境にある百首は上総の信秋軍、下総の小弓軍、安房里見軍の三ヵ国の軍勢に包囲される事態となった（「快元僧都記」）。焦った氏綱は同二十二日、おそらく十七日の書状の返事はもらえないままに追加の訴えとして、「前の忠節を元通りに果たし、ひとつも不用意なことは致しません」と起請文言も含めて記した文書も送っている（「東慶寺文書」）。氏綱としてはもはや渭継にすがるしか方法はなかったのであろう。

その後も渭継とのやり取りの中で、新地の城に在城している大藤栄永の退却をめぐり義明への取りなしを依頼している。この大藤勢の帰還には義明が難を示していたようであり、もし助けてくれれば氏綱は「報恩」を約束している（「東慶寺文書」）。

このやり取りも五月二十七日には終わり、大藤勢など上総の北条勢は帰国を許された（「快元僧都記」）。しかし、惣領であった真里谷武田信隆だけは六月十一日に「物詣」として国外に退去させられた。これは、物詣と称して他国への退去であり、いっぽうでその命は保証されるものである（佐藤、一九九一）。そして真里谷武田氏の新しい惣領は佐貫武田信秋の子信助が継承したと思われる（黒田、二〇一一）。

関宿攻めの再開

上総の内乱の結果、天文の内乱以降、小田原北条氏にしたがう形をとってきた安房里見氏と真里谷武田氏は、ふたたび小弓方に付いた。そして北条氏自体も、改めて小弓公方への忠誠を表明した形になった。こうして、小弓公方はかつての版図を復元し、勢いを盛り返したのである。

いっぽう、北条氏が主導してきた鶴岡八幡宮修造計画であるが、特に真里谷武田信隆は、非協力的にあった父恕鑑と異なり、領国である峰上の材木を提供するなど、協力的であっ

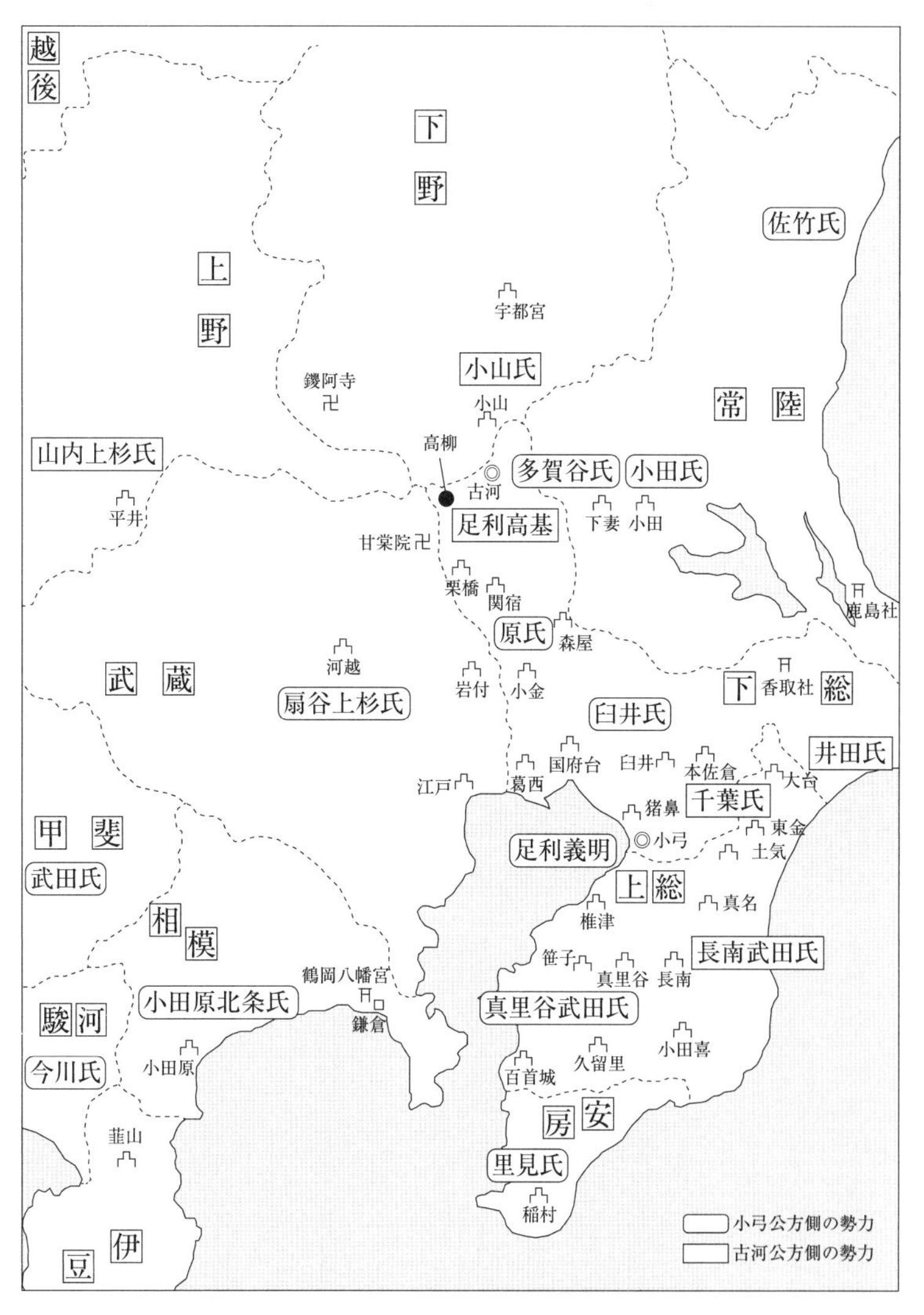

図20 天文前半の東国勢力図（千葉市立郷土博物館編『図録 我、関東の将軍にならん』2022年に加筆）

た。また安房からも材木の提供を受けていた（「快元僧都記」）。しかし、北条氏の統制下から上総と安房が離れたことで、その供給ルートは不安定になりつつあった。そこで鶴岡の快元は、上総国山辺郡萱野に在陣していた義明に対して氏綱の功績で順調に修造が進んでいることを述べ、上総・安房からの浜の大鳥居などに使用する材木の提供が継続されるように両国に銘じてほしいと悃望している。

これを受けて小弓方の逸見祥仙が佐貫武田信秋、続いて里見義堯に書状を出している。里見への書状の中で、材木を供給することは、八幡宮の神慮に適うことであるとともに、義明への「御奉公」であると述べている。こうして、小弓公方は、氏綱が取り仕切っていた八幡宮修造の事業を自身への忠誠を示す行為としても利用したのである。

勢いに乗る義明は早々に中断していた関宿攻めを再開させることを計画する。逸見祥仙は六月六日に里見義堯に宛てた書状にて「北方への合戦の際には参陣するように」と指示しているが（「快元僧都記」）、十五日には山内上杉方では義明が攻めてくるとのうわさが立ち、その備えが始まっていた（「小林文書」）。これまで六年間ほど古河公方との実戦に臨んでいなかったが、房総の政治状況が落ち着いて、彼らの従軍も期待できる状態になったと思われる。やはり小弓公方足利義明の動向は古河公方への就任を目指したものであった。

いっぽう古河公方足利晴氏も、その危機を察知し、山内上杉氏や小山・結城ら北関東の武家に軍勢催促をしたと思われる。実際に関宿城付近での合戦が行われたらしく、結城氏家臣の糟屋氏に対する感状が出ている（「結城家譜草案」）。その合戦も遅くとも七月五日には古河方が小弓方を撃退して終了している（「小山氏文書」）。

氏綱は小弓公方に降伏し、忠誠を誓ったものの、それは上総の状況打開のためであり、心から服したわけではなく、他の戦争継続の意思も変わらなかったと思われる。上総の戦後処理が終わって間もない天文六年（一五三七）六月十三日にはふたたび駿河河東に侵攻し、翌日今川勢と戦い、勝利を納めている（「快元僧都記」）。

いっぽう六月下旬には扇谷上杉軍が武蔵府中に出陣し、深大寺に着陣した（「藩中古文書十二」）。扇谷上杉家としては、房総での戦いと駿河への対応で勢力が減退した氏綱をこの機に叩こうという作戦だったのであろう。また小弓公方の関宿攻めに北条氏も軍勢を出す可能性があり、それによって兵力の分割がされているとの予測もあったのであろう（黒田、二〇二〇）。この対応のために七月十一日に武蔵に出陣する。その後十五日には扇谷上杉朝定が河越を退去したことが分かっているので、北条軍が扇谷軍を駆逐したのであろう。

これについての詳細な記録はないが、一説には扇谷上杉方は朝定の伯父上杉朝成が上野と武蔵の兵を率いて迎撃にあたったが、深追いして朝成が生け捕りになってしまった。河越の防衛が図れないと判断した扇谷軍は、難波田善銀の松山城に退去した。善銀は残党を集めて河越を奪還しようとしたが、北条軍が松山城にも迫ってきたとのことである（「異本小田原記」）。松山城は落城していないので、北条方は最終的に退却したのであろう。

北条氏康と北条為昌

天文六年（一五三七）七月十五日、北条氏は長く抗争してきた扇谷上杉氏の本拠地である河越城を攻略した。氏綱は大永四年（一五二四）二月に河越城を一時的に接収したが、その年の六月には奪還されていた。それから一〇年以上の月日が流れ、ようやく河越城を再度手中にすることができたのである。その後同月二十三日に河越領内の足立郡佐々目(ささめ)郷を氏綱・氏康連名で鶴岡八幡宮に寄進している（「鶴岡八幡宮文書」）。寄進状には「諸願が成就し、皆が満足している」と書かれており、北条家の晴れやかな気持ちが垣間見える。いっぽう、佐々目郷はかつて鶴岡八幡宮の所領であったので、寄進を受けた八幡宮も満足な結果であったであろう。あるいは八幡宮自体がこれを氏綱に要求した可能性もあろう（黒田、二〇二〇）。

またここで、寄進状が嫡男氏康との連署であることも注目される。氏康は当時二三歳であったが、このタイミングで父とともに領国経営に参画することとなった。実際にこの後、単独でも文書を発給している（「相州文書」）。なお、この寄進状は領国経営に関する初の文書発給となるという（黒田、二〇二〇）。

図21　葛西城跡（葛飾区郷土と天文の博物館提供）

ところで、河越を奪取したといっても、扇谷上杉氏の拠点は朝定が籠る松山城のほか、太田氏の岩付城と大石氏の葛西城があった。それゆえ、今後さらに扇谷上杉氏との合戦が激化するのは必定であった。朝定はすぐに山内上杉氏に援軍を要請した。関東管領山内上杉憲政も出陣の準備をしたが、その行軍は洪水のため八月上旬までずれ込んだ。この間に松山城も陥落することを恐れた憲政は武蔵庁鼻和上杉憲賢（のりかた）に、まず藤田・成田両国衆とともに出陣するよう指示をしている（「藩中古文書」）。この時も詳細は不明であるが、扇谷方は松山城を堅守したらしい。

ただ、こういった抗争が続く間、氏綱や氏康が武蔵に常駐はできない。それゆえ、奪取した河越城を誰に任せるかというのは大きな問題であった。そしてその任には玉縄城主であった氏綱の三男為昌が、当たることになった。為昌は天文七年（一五三八）二月まで玉縄にいたようなので（「快元僧都記」）、それ以降の赴任となるが、玉縄領は従来のまま為昌の所管であったから、単純に管轄地が増えた格好になる。御一家衆の筆頭として、為昌もまた兄と共に重責を担う立場となったのである。

合戦前夜

本来であれば、天文に入ったころの古河公方方の動向について述べておくべきであろうが、享禄の内乱以降、明確な動向が不明である。一説には晴氏が古河公方になってからも、高基が死去する天文四年（一五三五）までは抗争が続いていたと見る向きもあるが（黒田、二〇一三B）、そのような状態であった可能性も十分あろう。いずれにせよ、この間、小弓公方との衝突も起きていない。これについても詳細は不明であるが、一つには享禄の内乱について義明は晴氏方であったとも思われ（黒田、二〇一三B）、その抗争が継続しているうちはお互いに敵認定をしなかった可能性もあろう。

しかし、いっぽうで義明は古河公方方の関東管領山内上杉氏とも何らかのやり取りをしていることも明らかになっており、着々と公方位の奪還を目指していたのであろう。実際に義明の攻撃態勢が固まると即座に合戦が再開された。前述のとおり古河方は勝利したわけであるが、晴氏は参陣したと思われる小山高朝（たかとも）と誓詞を取り交わしているので（「小山氏文書」）、今後の合戦に備え、自陣を固めておきたいと考えたのであろう。さらに晴氏は、自派の増強のため、小弓公方勢力圏の武士を勧誘した。下総千葉氏は天文四年（一五三五）に小弓での戦いに敗れた後は政治的な立場が不明確であったが、十二月下旬までの間に古河方の立場を取っている（「井田文書」）。

さて、天文七年（一五三八）に入ると、正月に早速山内上杉憲政・扇谷上杉朝定が河越に襲来し、北条氏康に撃退されている（「高白斎記」）。また合戦は夜行われたという記述もあり、両上杉氏にいる奇襲の可能性もあろう（「石川忠総留書」）。氏綱も月末には玉縄まで来ていたが、翌二月二日には大石氏の葛西城（現東京都葛飾区）を攻撃、落城させ、かつ岩付城に向かって、近隣に放火しながら進んだという（「快元僧都記」）。間髪入れずに扇谷領を侵食していく氏綱の方針が読み取れる。あるいは氏綱は葛西攻撃が控えていたため、直前の河越での迎撃を氏康に任せたのかもし

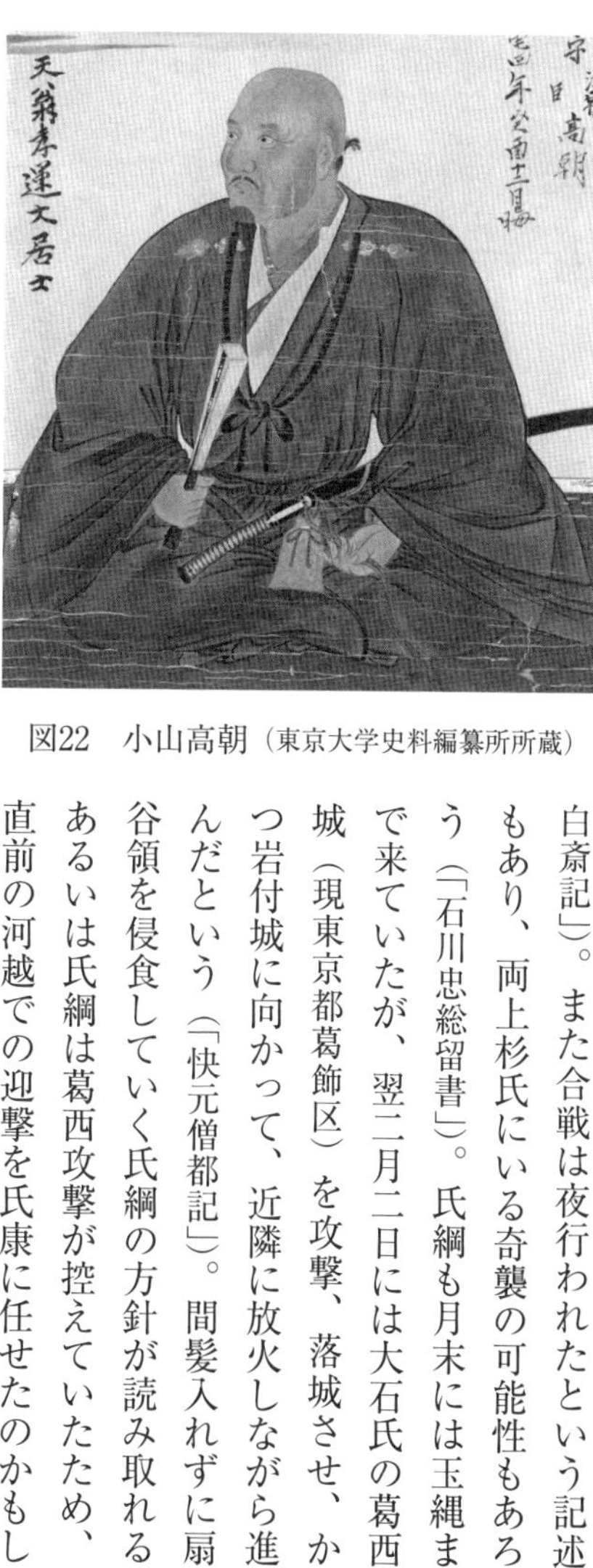

図22　小山高朝（東京大学史料編纂所所蔵）

れない。また、為昌は氏綱軍に参加していたようで、二月十四日に帰陣している。なお、氏綱は四月二十七日にも玉縄城に来ているので、いずれかの城を攻撃する計画があったかもしれない。

いっぽう、足利義明は扇谷上杉氏の著しい弱体化を危惧しながらも、五月にも何らかの軍事行動をし、これに氏綱も派兵した可能性がある（「遠藤白川文書」）。晴氏としては、北条氏と両上杉氏が戦い、かつ義明が古河占領を目的に関宿を攻撃することは、自派にとって不安材料でしかなかった。いっぽう、小弓公方派に居ながらも、同派の扇谷上杉との合戦を継続する氏綱もその立場に矛盾を抱えていた。

こうしたところから、利害の一致を見た古河公方足利晴氏と北条氏綱は水面下でのやり取りを始めたものと思われる。当然、その第一歩は形式上とは言え小弓方にいる北条氏を晴氏が赦免するといった流れであったであろう。その仲介は、古河公方の家臣であり、かつて岩付城主であった渋江氏の一族であったと言える（「渋江文書」）。そして後年の史料を見ると北条氏康は上杉謙信や簗田高助に宛てた書状の中で、晴氏の命令を受けて義明と戦ったと述べている（「伊佐早文書」・「歴代古案」）。公方側近の簗田氏にも堂々と主張していることを見ると、実際にそういった指示があったのであろう。

こうした動きを察知できないまま、義明は葛西奪還のためであろうか、天文七年六月下旬には下総国府台（現千葉県市川市）に着陣した（「弘法寺文書」）。そもそも葛西大石氏は扇谷上杉氏下の国衆であるとともに、義明からも直接命令を受ける立場にあり、いわば両属の関係にあった（黒田、二〇二〇）。したがって、氏綱が葛西を攻撃した時点で、たとえ形式上であっても小弓公方方にいた氏綱は義明と決別を果たしたと言えよう。

風雲相模台

その年、天文七年（一五三八）十月二日、北条氏綱は小田原を出発した。歴史に名高い「第一次国府台合戦」の幕開けである。ただし、合戦の経過が分かる良質の史料は存在しないので適宜軍記類で捕捉しながら叙述していくことにする。

氏綱の出陣は、葛西城の防衛のためであろう。それを察知した義明は、里見氏を参陣させ、国府台に着陣したという。義明は六月からずっと国府台にいたのか、この時改めて着陣したのか、それは分からない。ただし、出陣にしたがう武家はあまり多くなかったらしい。これまで小弓方の有力な国衆であった上総武田氏も合戦での動向はまったく追えないから、何らかの理由で出陣できなかったか、あるいはその用意が遅れていたか、拒否したかのいずれかであろう。

氏綱は一度江戸城に入ったらしいが、同六日にはここを出陣した。そして翌日十月七日には太日川の西岸に終結し、渡河地点を求めつつ上流に移動、渡河の後は南下したという（滝川、二〇一九）。小弓公方方は国府台に集結した軍勢のうち、里見氏は残したまま義明

図23　国府台合戦跡

が出陣した。これについては、葛西城への攻撃を開始したのか、または小金の原氏を攻撃しようとしたのか、あるいは北条軍そのものが攻撃対象であったのかは不明である。義明軍は北条氏と同じ太日川東岸を北上した。その結果、両軍はお互い動向を知らぬままに相模台で遭遇、そのまま交戦状態となった。

この合戦については近年、重要な指摘が二点なされている。ひとつは合戦の行われた時刻・時間である。「本土寺過去帳」の記述から合戦が行われた時刻・時間は午後一時半から日没までの三時間強であることが分かった（滝川、二〇一九）。旧暦十月七日は新暦の十一月七日にあたり、日没時間は午後四時四〇分から五〇分くらいである。そうすると、合戦の最終局面あたりは薄暗くなっていたことになる。

もうひとつ、両軍の軍勢についてである。先述のとおりこの合戦を詳しく取り上げた記録類はほぼ後世のものであるため、その扱いには慎重を期さねばならない。その点軍勢の人数については、北条方の兵力を二万人以上と記すものもあるが、同時代史料だと思われる「本土寺過去帳」に戦死者が千余人とあること、「快元僧都記」にある上総の死者数百人とあることから、「小弓御所様御討死軍物語」にある小弓方二〇〇〇人、北条方三〇〇〇人が妥当とされる（浅倉、二〇二三）。またこの「小弓御所様御討死軍物語」に小弓方の首級が千余あったとされるのも、先の「本土寺過去帳」の記述と相まって信憑性がうかがえる。また後年、氏康は「国府台で戦った」と述べているが（「伊佐早文書」）、厳密に言うとそこからやや北に位置する相模台が合戦の舞台であったと思われる。

これらの先行研究を踏まえると、午後一時半ころ両軍が遭遇し、合戦が始まったものの、小弓公方軍が次第に押され始め、あたりが薄暗くなってくるころ、義明、弟の基頼、義明嫡男義淳の一族三名が相次いで討ち取られたのであろう。その様子は「討死」とあるのみで詳らかではない。一説には三浦城代の横井神助の弓により馬から射落とされたところを、松田弥次郎に首を取られたという記事も見えるが、一次史料からは明確に確認できない。数日にわたり、複数の箇所で繰り広げられた合戦ではなく、わずか三時間の実戦となると、記録に残りにくいという側面もあろう。

そして、そうした中でも小弓公方義明、その弟と嫡男という主だった人物が一挙に討ち死にしてしまったということもこの合戦の特徴の一つである。父とともに出陣していた氏康も「世にも稀なことであるが、父子三人を討取ったのです」と述べている（「伊佐早文書」）。敵である北条氏にとっても予想以上の戦果だったのであろう。そもそも動かせる兵力が少なかったということもあるが、義明自身が先頭に立つしか全軍を統率する術がなかったという見方も存在する（滝川、二〇一九）。しかしそれでも主だった者を一軍にまとめた結果、小弓公方家は主要人物を失い、一挙に瓦解させてしまったことは義明の失策であった。いっぽう、里見軍はまったく抗戦することなく夕闇の戦場を後にした。義尭としても小弓公方政権の黄昏に、自家を委ねるわけにはいかなかったのであろう。

3　その後の小弓公方家

復権する人々

大戦を制した北条勢は天文七年（一五三八）十月十日に凱旋、十一日には合戦に無事勝利した祝儀が行われた（「快元僧都記」）。小弓公方家は永正十五年（一五一八）に成立したから、約二〇年、房総の覇者として存立していた。氏綱も真里谷武田氏との関係で房総に出兵した直後から、その真里谷武田が擁立する主体として小弓公方が登場したので、和睦と反駁を繰り返しながらもその影響下に置かれ続けた。そして、小弓公方は武蔵・相模をめぐって氏綱と激しく争う扇谷上杉氏が最大の支援者であったから、北条氏の両国侵略に歯止めがかかることとなったのである。その状況が完全に解消したわけであるから、氏綱の喜びも一入だったのであろう。

そして喜びをさらに嚙み締めているのは、小弓公方によって所領や地位を奪われていた存在である。彼らは義明の滅亡後、どうなったのであろうか。

先ほど氏綱の帰還について述べたが、他の史料に置いては、北条氏がすぐに房総に攻め込んだとも記される（「小弓御所様御討死軍物語」）。よって、氏康など別動隊が小弓方の掃討作戦を展開していた可能性もある（黒田、二〇二〇）。十月九日には北条軍は小弓城に到着、同城を制圧したらしい。小弓はもともと千葉氏の家宰、原氏の本拠地であり、原氏を当地を小弓方に占領されたため、同じく所領であった小金に本拠を移していたのであった。しかし、小弓制圧を機会として、原胤清は本拠への帰還を果たしたと言える。また翌十一月には、かつて小弓にあり、千葉氏の加護を受けていた妙見宮（みょうけんぐう）の禰宜が、戦乱の中佐倉に避難していたが、ふたたび禰宜に補任されていることも、千葉方の勢力の回復を示すであろう（「下総崎房秋葉孫兵衛旧蔵模写文書集所収千葉神社文書」）。

さらに、天文の内乱時に小弓公方が介入し、当主の座を追われた真里谷武田信隆は、滞在先の武蔵から上総に帰還して、ふたたび当主となった。

こうして、旧勢力の復権が短期間に行われたのである。それには北条氏の軍事力が影響していたと言えよう。

それでは、敗れた小弓方はどうなっていたであろうか。小弓公方家の主だった三名が同時に討ち死にするという超非常事態に陥った同家であったが、合戦の敗北自体が家の滅亡ではない。混戦の中で、重臣逸見祥仙も討たれたが、家臣団の残党は小弓城を焼き払い、里見氏を頼って安房に落ち延びた。その中には、義明の末の男子も存在した。小弓公方家の面々はこの人物にその再興を託していくのである。

小弓公方を継ぐ者

その男子の名前は千寿丸といった。のちの頼淳(よりあつ)である（「石堂寺多宝塔相輪銘」・佐藤二〇〇九）。千寿は天文元年（一五三二）の生まれというから、当時数え七歳であった。安房に落ち延び、石堂寺に匿われたらしい。これは足利氏の祈願寺であったことが由来すると言われる（佐藤、二〇〇九）。千寿丸は、天文十四年（一五四五）以降さほど下らない時期に元服し、頼淳を名乗った。

里見氏は元服の前段階から、頼淳を貴種として扱っていたようであるが、元服後は里見氏や正木氏の政治動向に一定の影響を与え続ける。そして彼の子である国朝と頼氏も乱世を行き延び、国朝は最後の古河公方足利義氏の娘と結婚、喜連川家を創設した。また頼氏は父同様石堂寺の別当となり、早世した兄国朝の後継者として、兄の後室を室としている。義氏の母は北条氏綱の娘芳春院であるから、国府台合戦の敵と味方が相まって、次世代の足利氏を創出したことになる。

そのほか、義明には常陸の月山寺に入った男子某二名（「変易名言」）、また京都にて修業したのち、禅興寺の住職となったと言われる宗虎がいる（「大蟲和尚語録」）。「宗」の字は父義明が名乗った宗斎に通じるであろうか。また息女としては自身の伯（叔）母同様に東慶寺の住持となったと思われる瑞山（ずいざん）和尚、また里見義堯の子、義弘の室となった姫（青山尼）が確認される（佐藤、二〇〇九）。

小弓公方の滅亡で運命が変わってしまった者もいるが、それぞれ逞しく歴史に名を残したのである。古河公方家は最終的に消滅してしまうので、むしろ小弓公方家の後身たる喜連川家こそが関東足利氏の血脈を現代に残したと言えるのである。

いっぽう、鶴岡八幡宮別当としては、一時義明の子息とも思われる人物が見えたが、その後その動向は詳しくは追えず、古河公方足利晴氏の子とされる家国が継承したと思われる。家国は後に安房に下向してきており、「国」の字は国朝の「国」にも通じる可能性があるが、その詳細については謎に包まれていると言えよう。

両足利家の関係

国府台合戦は、実際には北条氏綱と足利義明の戦いであったが、先に触れたように、北条氏康の言葉を信じるならば、古河公方足利晴氏が氏綱に義明の討伐を指示していたことになる（「伊佐早文書」）。合戦後の天文七年（一五三八）十月二十一日、足利晴氏が北条家の家臣である伊東右馬允に国府台での戦功を賞した感状が残っていることは（「東京大学史料編纂所所蔵伊東文書」）、それを裏付けていると言えよう。

故に、この合戦は永正の乱により二つに分裂した足利氏同氏の正統性をめぐる争いと評価されてきた。これまで決して良好な関係とは言えなかった北条氏に対して、晴氏が義明討伐を託すのは、公方の正統性の獲得のためのやむなき措置とされてきたのである。

確かに義明の兄高基が古河公方であった時には、敵対勢力であった真里谷武田・里見・臼井などに対してあからさまな敵愾心（てきがいしん）を示したり、房総へ出兵したりするなどの事態がしばしば見られた。

しかし高基と嫡男晴氏の抗争である享禄の乱が展開すると、明確ではないものの義明は晴氏を支持する姿勢を見せた。もちろん軍事力の行使には及ばないものの、これまで対立してきた高基よりは、晴氏のほうが御（ぎょ）しやすいと判断したのかもしれない。小弓方の里見義豊が晴氏を「鎮守府将軍（ちんじゅふしょうぐん）」として、そして自身を「副帥」とする安房那古（なご）寺の銘文はその一端を示している可能性がある。そして、晴氏を古河公方とする社会情勢を義明はある程度容認していたことになる。「副帥」を関東管領と捉え、里見氏が小弓公方から離反し、自らを関東管領に擬したとも考えられるが、当時里見氏と小弓方勢力の抗争は見られないし、古河方として関東管領を名乗ることは両上杉氏との軋轢を当然もたらすわけであるから、そういった対応は考えられまい。

むしろ東国の武家社会は二つの公方家の存在を容認していた、あるいは頓着しなかったと考えたほうが良いかもしれない。例えば関東足利氏の直臣である小曾根氏が古河公方足利高基と小弓公方足利義明について「両君が羽翼のようにあって関東八ヵ国を支配して」と記したように(「飯岡八幡宮文書」)、両足利氏は相互に補完し合い、関東足利氏として存立していく可能性もあったのである。

さらに、外様の武家たちにとっては、関東足利氏は必ずしも上にいただく必要がある権力ではなくなっていたと評価すべきであろう。例えば、里見義堯や真里谷信隆が小弓方から離反した時、必ずしも古河方に奔らなかったことはその証左である。彼らが実際に依拠したのは北条氏であり、遠方の公方より近隣大名の軍事力こそ希求されていたのであろう。

しかし他方では、やはり関東足利氏の持つ公権力性はいまだ一定の効力を維持していた。それ故、武田信虎は義明の御教書(みきょうじょ)を求め、鶴岡八幡宮は修造の遂行のため、氏綱や快元は義明の許諾を求めたのである。こうした公方の下知や書状が大名の行動に正統性を担保し続けた側面をも逃してはならない。それゆえ、関東足利氏が公権力とそれに供奉する勢力を確保し続けようとしたとき、やはりその主体である晴氏と義明は相いれることができず、宿命的な対決の舞台が用意されたのである。
かくして、長く分裂状態にあった関東公方権力は、ふたたび古河公方の基に統一されたのである。

4 逆徒から管領へ

関東管領への補任

公方権力一統の対岸では、関東管領権力がまさに分立せんとしていた。北条氏康は、「戦功により（氏綱が晴氏の）御内書により関東管領に任命された」と主張している（「伊佐早文書」）。残念ながら北条家にはいわゆる家伝文書は残っていないので、現物は確認されていない。しかし、まったくの嘘を発信する利点もなく、「御内書は二通あった」など、細部にわたっての証言もあることから、事実と見てよいだろう。

かつて鎌倉府が東国の主管政庁として機能していた南北朝・室町期においては、関東管領は公方の代官として、東国全体の政務や軍事行動を取り仕切る立場にあった。公方から守護への命令等も基本的には関東管領が公方の命令を奉じる形で発出された。享徳の乱を経て、氏綱の時代の関東管領にはそのような機能はもう存在していなかったが、古河公方の最大の後援者としての権威は有していた。室町中期以降の関東管領は山内上杉氏の家職同然であったが、山内上杉氏の勢力も享禄の乱などで弱体化しており、むしろ関東管領家であるという家格そのものが同家の力の源と言ってよかった。

氏綱が関東管領になった時期は不明であるが、先述した北条家の伊東氏宛ての感状は、合戦後すぐの天文七年（一五三八）十月二十一日に出ているから（「東京大学史料編纂所伊東家文書」）、その時期とあまり変わらないときに任命されたと思われる。これによる山内上杉家の動向は不明であるが、特に北条氏と諍（いさか）いを起こしたり、公方から離反したりした形跡はない。あるいは晴氏と何らかの取り決めが存在したのかもしれない。

いずれにせよ、両上杉氏などから「逆徒」と呼ばれていた北条氏は、幾多の軍事的成功を背景に、「関東管領」となり、古河公方の外護者としての社会的地位を手に入れた。ただ山内上杉氏が関東管領を罷免された形跡もないので、この時から関東管領は二つの家が並立することになったのである。

足利晴氏の戦略

強大な軍事力を有する氏綱を関東管領とした晴氏は、これまでは見られなかった他家の抗争への介入を行っていく。こうした行為は祖父政氏の時代より、あまり見られてこなかった。それは永正の乱、享禄の乱、そして小弓公方との戦いなど主な戦争の目的は足利氏内の勢力争いに終始したからでもあるが、他家の抗争を調停したり、それに関して命に服しない勢力を討伐したりすることは関東の秩序を守り、公方の権威を維持するものであったから、小弓公方が滅亡し、氏綱の協力を得たことでようやく晴氏による古河公方としての主体的な軍事行動が可能になったと評価できよう。

天文八年（一五三九）に下野宇都宮家中で起きた、芳賀氏と壬生氏の抗争において、壬生氏を支持する当主宇都宮俊綱に対し、芳賀氏が頼った下野小山高朝などが抗争を繰り広げた。これに対して晴氏は停戦命令を出しているが（「喜連川家文書案」三、「小山文書」）、これに小山氏が承服しなかったため、晴氏は五月には下野へ侵攻した。その際、氏綱の従軍も予定されており、小山高朝は「たとえ伊豆・相模の兵が下野に侵攻してきたとしても、山内上杉と扇谷上杉はこれを希望したわけではなく、氏綱の考えによるものなので、何も対抗できない」と危機感を示している（「白川文書」）。

いっぽう、下野の抗争に北条氏と動員しようとする晴氏に対して、高朝は「前代未聞」としており、こうした晴氏の姿勢や北条氏の介入に対し、強い拒否感を抱いていたと言えよう。しかし、北条氏も介入した戦いには分が悪いと感じたのか、小山高朝は降伏したようである。この後、下野那須氏でも抗争が起き、さらに天文十年以降にはふたたび宇都宮家内で内紛が起きているが、晴氏が介入した形跡が見られる。さらに小山氏を討伐したすぐ後にあたる天文八年十二月には、北条氏綱が安房にいる鶴岡八幡宮別当（義明の子か）

の帰還を企図しており（「大庭文書」）、これに伴い、晴氏も翌天文九年（一五四〇）三月には安房出陣を想定し、山内上杉氏や北関東の武家達も動員される様子が見られる（「真壁文書」）。実際には晴氏が出陣したかは不明であるが、同年四月に安房妙本寺に氏綱の禁制が出されているから（「妙本寺文書」）、山内上杉氏とともに北条氏にも動員がかかったのであろう。

晴氏は自身の軍事行動や政治行動に二人の関東管領を動員することで、公方権力の復権を意識していたと考えられる。

晴氏「正室」芳春院

こうしたなか、天文八年（一五三九）八月に、北条氏綱の娘芳春院殿と晴氏の婚姻が成立している。八月十三日には氏綱が古河公方家の宿老である簗田高助と起請文を取り交わしている（「簗田家文書」）。古河公方とは起請文を取り交わすことはできないので、その宿老と行ったのであろう。成婚に関しては高助の功が大きいので決して粗略にしないこと、婚姻は高助に任せているので、高助も芳春院・氏綱を粗略にしないこと、今後も北条氏は高助に諸事相談し、粗略にしないことなどが約されている。

実はすでに晴氏には長男幸千代王丸がおり、その母は他でもない高助の娘である。簗田氏は成氏以来、古河公方の外戚となっており、その親密さと水辺の領主としての力を買わ

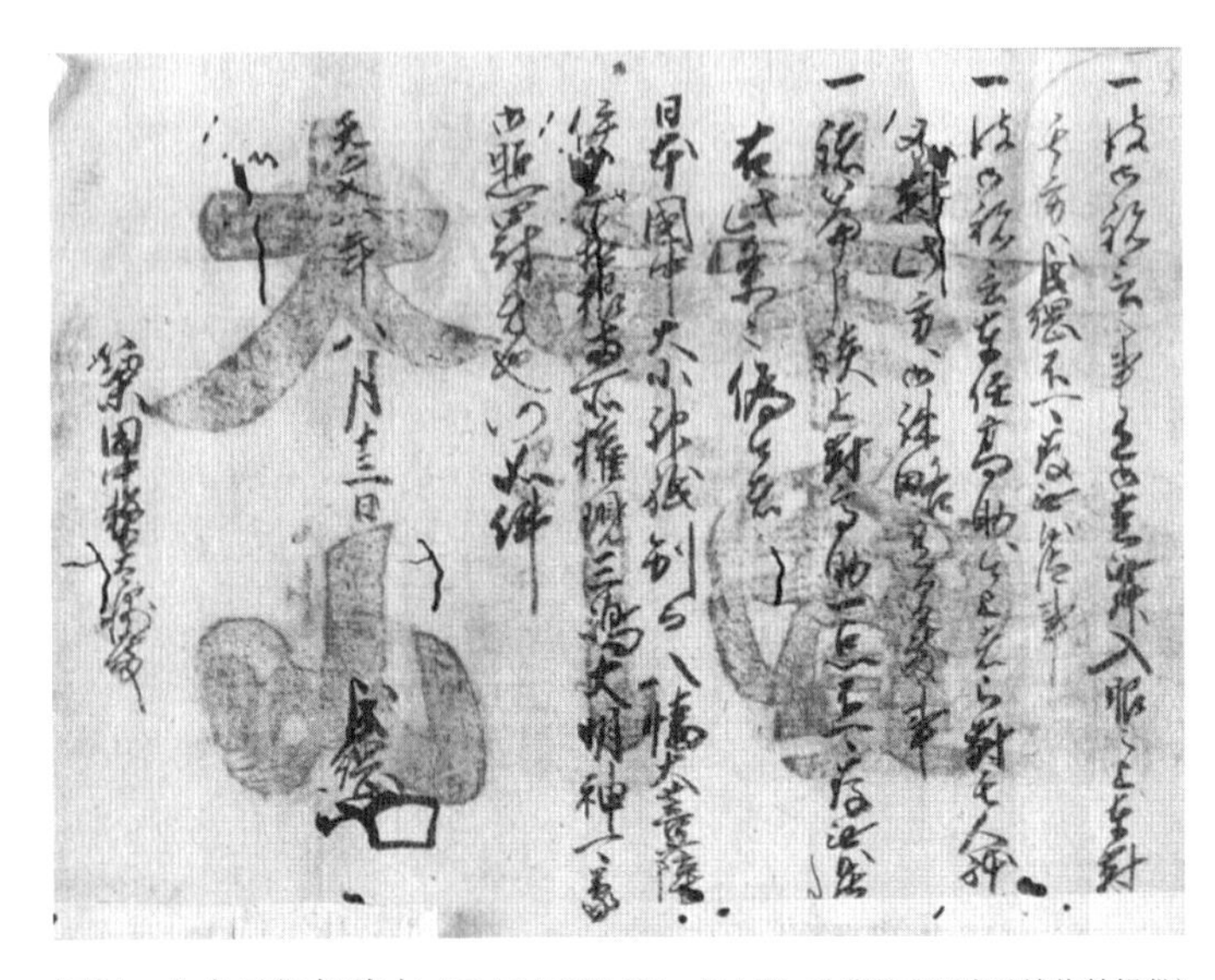

図24　北条氏綱起請文（天文8年8月13日。個人蔵、千葉県立関宿城博物館提供）

れ、古河公方領国の最重要地点である関宿を任されてきた。しかし芳春院はこの後「御台様（みだいさま）」と呼称されるから、晴氏の正室として迎えられたことになる。古河公方家はこれまで正室を置いたことは知られていないので（黒田、二〇二〇）、これまでの前例を考慮しない、文字通り異例の事態であった。先述の起請文が、そのような事態であったからこそ重視されたと言える。しかしその中でも簗田高助がその実現に奔走したことを考えると、やはり晴氏の強い意志が存在したものと思われる。

　天文九年（一五四〇）十一月二十八日には、芳春院殿は鶴岡八幡宮で路次安全を祈願し、古河へ旅立った（「快元僧都記」)。ここに関東管領に引き続き、氏綱が古河公方家の外戚の地位も手に入れたのである。晴氏が古河公方権力を強化できるとともに、氏綱はこうした地位を十分に生かし、東国に対してより広範囲に影響力を与えることが可能になった。なお化粧領として、芳春院殿とともに不随して北条氏から古河公方家にもたらされた長津田や平塚、品川以北などの所領はその後古河公方領国への影響力をより行使する際の橋頭保(きようとうほ)となったのである(佐藤、一九七六)。まさに軍事・政治両面で古河公方を補佐するとともに、家支配についても影響を深く及ぼす古河公方家と北条氏の関係は「政治的一体化」と評価されるのである(黒田、二〇二〇)。

河東一乱の終結

天文八年は、古河公方の動向も、そして小田原北条氏の動向も実に多彩である。ここでは同年閏六月から再開される駿河での戦いについて述べておく。こちらも小弓公方家の崩壊により北条家の軍事行動が活発化していたらしく、今川家臣の松井貞宗(さだむね)がいずこかに在陣している様子がうかがえる(「臨済寺文書」)。これは北条氏の攻撃に備えてのものと思われるが、翌七月には氏綱は河東にふたたび進軍を開始し、駿河山東郡において蒲原城(現静岡県静岡市)を攻撃した。しかし、今川氏はこれを守り切り、これ以上攻めきれないと判断したのか、氏綱は七月二十九日までには小田原に帰還している(「蓮上院文書」)。あるいはこの合戦をもって氏綱は河東地域を掌握したとの見方もあるが（黒田、二〇二〇）、詳細は不明である。

いっぽう、河東一乱の初頭段階における北条方の進行にともない氏綱に味方した瀬名貞綱や堀越今川氏延（うじのぶ）であるが、瀬名貞綱は北条氏が退却したあたりから翌天文九年（一五四〇）にかけて今川義元の侵攻を受け、同年八月には降伏した。堀越今川氏延についても、天文十年には本拠地である見附端城（みつけは）が義元に攻略されているので、滅亡を遂げたものと思われる。堀越今川氏延には氏綱の娘が嫁いでいた関係で、その娘とその子（のちの氏朝か）は、小田原に逃れたと考えられる。

こうして、駿河今川氏との抗争は終結したわけでないが、甲斐武田氏との関係をめぐって始まった河東一乱は、ひと段落を迎えるのである。

四　古河公方足利氏と小田原北条氏の対決

1　北条氏康の家督継承

本章では、姻戚関係となった両家の関係をさらに追う。北条氏は氏康に代替わりし、山内上杉氏との合戦を進めるが、そうした北条氏の勢力の拡大は足利晴氏との破綻を招き、河越合戦で雌雄を決することになる。その過程と合戦の影響について述べていく。本章が本巻における終章であり、いよいよ両家の直接対決に至る部分となる。

北条氏綱死す

天文九年（一五四〇）十一月二十一日、鶴岡八幡宮の上宮正殿の遷宮が行われた。下宮においては氏綱によって神楽や相撲が催され、神馬や太刀が献上された（「快元僧都記」）。また氏綱は同日付で八幡宮内での法度を出している（「鶴岡造営日記」）。また翌日は氏綱・氏康・長綱（宗哲）などが臨席する中で、舞楽や転経が成されたのであった（「快元僧都記」）。

　ここに氏綱は関東武家から随一の信仰を受けてきた鶴岡八幡宮の修造事業についても、一定の成果を上げることに成功した。関東管領・古河公方家の外戚に続き、宗教界の外護者としてもゆるぎない地位を獲得したと言えよう。修造に大きく関わった快元も、かつて「上宮が完成したときには八ヵ国の大将軍となっていることは疑いがない」と述べていたが（「快元僧都記」）、それがまさに実現した形となったのである。

　翌年天文十年（一五四一）五月二十一日、氏綱は嫡男氏康に置文を残している（「宇留島常造氏所蔵文書」）。五条からなるこの書置きは、義理を重んじることの大切さ、大名としての人材活用の極意、家臣たちがそれぞれの分限を弁え、村や町に過度な課税をしないこと、倹約を守り、農民負担をかけないことが国を富ませ、戦争に勝利することにつながること、勝利に油断せず敵を侮らないこと、など北条家の今後において心得るべきことが書きつけられている。

　虎印判状について触れた時にも述べたが、伊勢家＝北条家の内政の特質として、村落への保護がうかがえる。前年にあたる天文九年（一五四〇）四月には伊豆国田方郡の村落全体に対して、不当な課税を行う北条家の家臣を取り締まる旨を含めた法度を出している（「小岩井文書」）。また先の置文（おきぶみ）についても村落や農民を尊重する政治姿勢が散見される。

戦国期における大名・国衆の経済基盤の中心は言うまでもなく村落であったから、村の成り立ちに気を払うのは当然なこととはいえ、北条家はよりそのことを意識することで、安定した領国経営をすることができた。当時の東国は飢饉が頻発していたが、それによる大規模な問題が起きていないことは、氏綱のこうした政治姿勢と無関係ではなかろう（黒田、二〇二〇）。

一説によると氏綱はこのころから病に侵されていたと言われており、まさにこれは最期を悟った氏綱の、氏康に対する遺言と言ってもよい。この後、約一月半後の天文十年（一五四一）七月十四日、北条氏綱は五五歳で死去し、早雲寺に埋葬された。宗瑞の後継者として北条を名乗り、両上杉氏や小弓公方と戦う中で、領国を大きく拡大し、まさに小田原北条氏の根幹を作った人物である。もはや北条氏は「他国の逆徒」ではなくなっていた。小田原北条氏は関東管領であり、古河公方足利晴氏の外戚であり、鶴岡八幡宮の守護者として、戦国期関東の新たな覇者の道を歩んでいたのである。

家督継承と古河公方家

北条家の当主は北条氏康が継いだ。大名家の当主が死ぬこと、そして代が改まることは思いのほか大変なことである。先の今川氏親や義元のように、家督継承に際して反対勢力との合戦を克服する必要がある場合もあった。

甲斐武田家は氏綱死去の一ヵ月前の天文十年六月、当主武田信虎が飢饉への対応を誤り、嫡男晴信に国外追放を受けている。父を追放した晴信は、そのまま武田家の家督を継承した。その点、北条家は極めて穏便な新旧交代を果たしたと言ってよい。しかし、それでも代替わりでの職務は山積する。

まず、大名家に何らかの権益を保証されている勢力は、代替わりにあたってその再安堵などを求めてくる。検地も行う必要がある。そしてそうしたことに苦しむ「新人大名」の隙をついて隣国の勢力から攻撃を受けることもある。

図25 早雲寺にある北条氏五代の墓

そして氏康家督継承の約二ヵ月半後にあたる十月後半から十一月初頭にかけて、扇谷上杉氏が河越城を攻撃してきたが、この時は諸氏の奮戦で撃退した（「大藤文書」など）。

いっぽうこの後の展開を踏ま

えると、今回の扇谷上杉氏の攻撃には北条氏と共に関東管領の任にあった山内上杉憲政も協力していたと思われる。

氏綱の生前は公方晴氏の命令に服し、氏綱と共に軍事行動を展開してきたが、やはり関東管領の地位を脅かす北条氏に対してけして穏やかな感情ではなかったのであろう。氏綱が死んだことで、関東管領職は一度北条家から離れたという認識であった可能性もあろうが、河越の奪還に失敗した憲政は深く悔恨の心を持ったらしい。天文十一年（一五四二）の六月には常陸鹿島神宮に願文（がんもん）を捧げている。ここで憲政は北条家の勢いと山内上杉家の不振を嘆き、所領の寄進を表明した上で「怨敵（おんてき）」である北条家の破滅を願っている（「鹿島神宮文書」）。両上杉氏の勢力はかなり弱体化したとはいえ、北条氏との戦いは終わらないのであった。

さて、氏康家督継承後の様子を武蔵と房総を中心に見てきたが、ここでは小田原北条氏における古河公方晴氏との関係と、天文十年（一五四一）より後の扇谷上杉氏の動きについて押さえておこう。

まず、天文九年十二月には婚姻を果たしたと見られる北条氏綱の娘芳春院であるが、天文十二年三月には公方晴氏との間に男子が誕生した。幼名は梅千代王丸である。北条氏の血を引く古河公方家男子の誕生は、将来北条氏の血を引く古河公方の誕生の可能性を示唆する。ここにきてさらに両家の関係は重要度を増したのである。しかし、氏康は家督継承後の晴氏とのやり取りは確認されない。すでに先行研究でも指摘されているが、代替わりによって、両家は、公方家と関東管領家であるにもかかわらず、疎遠になっていた可能性もあろう（長塚、二〇一七・二〇二二）。

氏康は自身の家督継承と男子の誕生という状況を受けて、古河公方家との関係再構築を図る。具体的には氏康が晴氏に対して近況報告を含んだ書状を送付し、これに対して晴氏からは「特に問題がない」旨の返事を得たものであろう。これを受けて、氏康はかつて父氏綱がそうしたように公方重臣の関宿簗田高助と起請文を交わしている（「簗田家文書」）。

図26　北条氏康（早雲寺所蔵）

その内容は、氏康は諸事簗田氏に相談し頼りにすること、氏康も力のかぎり尽力すること、もし問題が起きてもお互い助力を続けることなどである。氏康が氏綱の政策を継承し両上杉氏や里見氏との合戦を遂行しようとしたときに、敵対する勢力が古河公方を味方にすることは避けねばならなかった。もはや関東足利氏は一流しか存在しない。ここで氏康は父が取り交わした起請文を更新することで、それらの憂いを断ち切ろうとしたのであろう。その約三ヵ月後にあたる天文十三年（一五四四）二月から十二月にかけて、上野で古河公方勢力に反する何らかの騒乱が起き、晴氏が出陣するという事態が起きた（「浅羽本系図所収簗田系図」・「武州文書」多摩郡）。これに北条軍も従軍していたと思われるから（駒見、二〇二三B）、関係構築を受けてこうした軍事協定も復活したのであろう。

上総の内乱、三たび

いっぽう、国府台合戦後、小康状態を保っていた上総・安房でも騒乱の兆しが見えた。

天文六年（一五三七）に上総武田氏の惣領である真里谷武田信隆と佐貫武田信秋（全芳）の抗争では、足利義明の後援を得た信秋方が、北条氏が味方する信隆を上総から追放する形になり、主導権を得たものの、国府台合戦後には信隆は真里谷城に帰還した。このあたりの事はすでに触れたが、これにより真里谷武田氏は佐貫武田方を駆逐したわけではなく、例えばかつて真里谷武田氏の城であり、信秋が接収した峰上城は、国府台合戦後も未だ佐貫武田領であったことを見ると、両氏の争いは解決していなかったものと思われる。また天文六年段階で真里谷武田信隆と北条氏を裏切り、佐貫武田方についた里見義堯も、反真里谷武田氏の立場を維持しており、天文十一年（一五四二）までには小田喜武田氏領に位置する勝浦城を占領している。

そのような状況下で、天文十一年か十二年あたりだと思われるが真里谷武田氏の領国内で信隆と笹子城主の信茂との合戦が起き、信隆が勝利した。あるいは信茂も依然より信秋方であった可能性がある。その後真里谷武田氏は信隆がすでに死去し、弟と見られる信応が継承していた。天文十二年（一五四三）には信応の家臣である後藤氏と鶴見氏で合戦が起き、後藤は小田喜武田朝信を頼り、鶴見は佐貫武田氏を頼ったことから、内乱は激化し、朝信は北条氏を頼り、北条・千葉連合軍によって鶴見氏が籠る笹子城（現千葉県木更津市）が落ちた。

これを受けて天文十三年（一五四四）佐貫武田氏は里見義堯に支援を求め、後藤氏と北条軍が籠る中尾城を攻め落させた。北条氏と里見氏は天文六年段階の上総の内乱より敵対関係にあったが、ふたたび上総の内乱によって、さらに関係を悪化させたのである。

里見氏は侵攻の過程で、真里谷武田方であったと思われる小田喜や久留里も占領し、領国に組み込まれた可能性が高い。これらの状況を受けて、北条氏康は、天文十三年（一五四四）四月以降には佐貫武田方の峰上城を、同城に在城していた思われる横須賀氏や、武田卜心らの助力で占領した（「妙本寺文書」・佐藤、一九九一・黒田、二〇〇四）。

この後、天文十五年（一五四六）九月までの間に佐貫武田氏の本拠佐貫城が里見氏のものとなっており、かつ北条氏が敵対していた佐貫武田信秋の子である義信の同城復帰を後援する立場となっていることを考えると（「妙本寺文書」・「藩中古文書」）、北条氏の峰上城攻撃により、佐貫武田家は壊滅状態になり、北条氏に従属したものと思われる。そしてこれに危機感を抱いた里見氏は、天文十四年（一五四五）六月には、同じく北条氏との関係にしこりを持つ山内上杉氏と連携を図っていた（「保坂潤治氏所蔵文書」）。

しかしこの連絡を担う使者を上総の国衆と見られる匝瑳氏が捕らえたため、里見・山内上杉氏との連携はうまくいかなかったのであろうか、このあと数ヵ月のうちに里見氏は北条氏との和睦を図ったものと思われる（「妙本寺文書」）。

上総割拠と扇谷上杉氏の逆襲

北条と里見氏の和睦は上総にひとときの平和を招来した。しかし、これに激しく抵抗する人物がいた。真里谷武田信応である。信応は里見氏に領国の一部を占領された状態であった。そのため、北条氏に支援を受ける形で本領の奪還を望んでいたと思われる。そのため、和議の破綻を企図し、双方に讒言を繰り返したものと思われる。その結果、天文十五年（一五四六）九月までにはふたたび里見氏は北条氏と手切れをして武田義信のいる佐貫城を攻撃し、接収したのであろう。

その結果、北条氏は里見義堯が在城している佐貫城を取り囲むのである。宿老の正木時茂が北条氏康との和睦交渉に走り回ったものの、その包囲は容易に解けることはなかった（「藩中古文書」）。その後の状況については、後述するが、ここに佐貫武田氏の分国は図らずも消滅し、北条と里見に分割されることとなった。そして真里谷武田氏の領国についても、里見氏にその一定領域がすでに支配されている状態であった。その後の真里谷武田領国は北条氏の手に帰すことになる。これについても後述するが、いずれにせよ古河公方・小弓公方の後援者として上総一帯に絶大な勢力を誇った上総武田氏は、小弓公方の滅亡や北条・里見両勢力の攻防の狭間で、姿を消しつつあった。

もはや北条氏の軍事作戦は同時多発的に展開していた。上総で里見氏と抗争をしていた天文十四年（一五四五）四月、氏康は武蔵中部での軍事行動も行っていたのである（「平之内文書」）。これは、山内上杉氏麾下の忍成田氏が北条方に離反したことにともなうものとされる。同年成田氏は当主が親泰から長泰に代わっており、こうした代替わりを契機に北条方に転換した可能性がある（駒見、二〇二三B）。これを受けた憲政は事態の打開のために、北条氏に大規模な戦いを仕掛けることを決定する。

翌五月には足利晴氏の出陣の約束を取り付け、小山氏を始めとした北関東の武家に対しても従軍を依頼している(「小山文書」)。本来はこうした軍勢催促は公方が行うものであったが、山内上杉憲政がこれを行うことは、この合戦の主体が憲政にあったことは確実である。そもそも成田氏への攻撃を標榜しているわけだから、完全に領国内の事情でもあるのだが、憲政は晴氏を出陣させることでこれを公戦化し、他国の武家の出陣が可能になっているのである。

古河公方晴氏に主体性はなく、成田氏自体を討伐することが北条氏との直接対決には至らないわけだが(駒見、二〇一三B)、成田氏は北条方に離反しており、憲政の目指すものが最終的に北条氏の打倒であることを、おぼろげながらも想定はしていたのではなかろうか。しかし、晴氏にとって自身の外郭たる山内上杉氏の勢力保持が優先されるのであろう。かつて自身が宇都宮氏の内訌の際にそうしたように、公方の出陣によって周囲を圧伏させ、権威の維持を図ろうとしたのではなかったか。

2　河越合戦

北条氏と今川氏の和睦

それではここで、駿河・甲斐方面に一時目を移そう。駿河の今川義元と甲斐の武田晴信はこれまでも度々北条氏と抗争を展開してきたが、いっぽう両上杉氏とも関係してきた。この時期における争乱にも深く関与してくることになる。

氏康家督継承時の北条氏は武田・今川両氏とも関係が良好とは言えなかった。武田氏は扇谷上杉氏との同盟関係により幾度も相模津久井(つくい)近辺に乱入してくるし、その武田氏と今川氏が同盟を締結した関係で、北条氏綱が今川領国である駿河河東地方へ侵攻する河東一乱が起きたのである。

しかし、北条氏が代替わりすることにともない、若干の関係変化があった。天文十三年(一五四四)の正月より甲斐武田家と北条家との同盟交渉が始まったのである。これは武田家臣の駒井高白斎(こうはくさい)と向山又七郎両名と北条家の桑原盛正(もりまさ)が郡内小山田氏の館である谷村なる場所で会談したと言われる(『高白斎記』)。その後、同年十二月には武田家の小林宮内助らが小田原を訪問しているから(『勝山記』)、一年間かけて交渉を重ねたのであろうか。年内には甲相同盟が成立したのである。これを受けて、翌天文十四年(一五四五)四月の武田氏による信濃国上伊那福与城攻めには、氏康が援軍を発向させている(『勝山記』)。

いっぽう、河東問題が解決していない駿河今川氏は武田氏と北条氏の同盟を快く思ってはいなかった。幕府将軍足利義晴は、武田氏の上伊那侵攻と重なる天文十四年（一五四五）四月から六月にかけて、双方に和睦を呼び掛けたが、奏功しなかった。そして七月には、義元は実力で河東奪還を図るため、軍勢を率いて富士郡善得寺まで移動し、甲斐に援軍を請うた。武田晴信は前年に甲相同盟を締結したばかりであるが、いっぽう今川氏とも同盟を結んでいたから、その顔を立てる必要もあった。結果的に今川・武田両軍は、富士郡吉原城（現静岡県富士市）を取り囲んだものの、北条方は吉原を放棄し駿東郡の長窪まで退却した。今川氏は長窪まで追跡し、ここを舞台に数ヵ月の合戦が繰り広げられた（「吉野文書」）。

今川義元はさらに、後詰（ごづめ）として山内上杉憲政に河越城の包囲を依頼、憲政は扇谷上杉朝定とともに同城を包囲した（「歴代古案」）。この軍勢には常陸小田氏の家臣菅谷氏などが従軍していたから、同年五月に山内上杉氏が各方面に軍勢催促を行って結集させた連合軍であったと思われる。そもそも北関東の勢力は北条氏が北関東情勢に容喙してくることを良しとしていなかったので、北条氏との対決は辞さなかったのかもしれない。こうして河越が包囲されたのは、一説によると九月二十七日である（「異本小田原記」）。

こうした事態を受けて氏康は武田晴信に今川氏との仲介を依頼したと思われる。晴信は今川・北条・両上杉と同盟を締結し、関係が良好であったため、その任に当たることになった。十月十日には武田晴信から今川家臣の松井山城守に和睦について打診している（「土佐国蠹簡集残篇」六）。

ただ、氏康は同日付で鶴岡八幡宮に今川氏との合戦勝利を祈願しているから、軍事的勝利の希望もまだ捨てていなかったのであろう（「鶴岡八幡宮文書」）。しかし、晴信の働きで今川義元の態度も軟化し、その後今川氏との和睦を成立させている（「高白斎記」）。その条件には河東の放棄も入っていたが、北条方としては、何よりも今川家と和睦することで、駿河に気兼ねなく武蔵方面に兵力を割けることにもなるから、これは大きな収穫であった。

いっぽう、今川氏との関係の中で河越城を包囲したはずの両上杉氏は、なぜかその囲みを解くことをしなかった。上杉氏にとってみれば、反北条勢力が終結している機会に、河越を奪還し、北条氏を叩きたいのであろう。しかし、この行為は山内上杉氏と甲斐武田氏の同盟関係を解消に向かわせるのであった。

足利晴氏、動く

山内上杉憲政が公方晴氏の出馬を要請していること察知した氏康は、晴氏に対して「自分も（憲政と同様に）麾下（きか）として存在しているのに、どちらかいっぽうに肩入れされては困ります。どうかどちらへの御出陣もなく、双方の善悪について御威光をもってお決めください」と申し入れ、大方の了承を得られた。

しかし、その後、扇谷上杉氏方の難波田善銀と小野因幡守の強い要請により、晴氏は氏綱との申し合わせを破棄し、出陣するにいたってしまった（「歴代古案」）。

北条家は始祖宗瑞が堀越公方を、二代氏綱が小弓公方を滅亡させた。しかしこれは、前者は幕府や今川氏の、後者は古河公方の意向に沿うものであった。そしてその中で、古河公方との直接対決は避け、状況に応じて穏便な対応をしてきた。そのいっぽうで双方の矛盾と不信が澱（おり）のように重なっていたこともまた事実である。今、氏康は自らの存続のために独力で古河公方と戦うことになった。両者初の直接対決である。晴氏は少なくとも天文十四年（一五四五）中には河越付近に出陣している（「歴代古案」）。

河越領は玉縄北条氏の支配下にあることを以前述べたが、その当主で氏綱の次男であった為昌が天文十一年（一五四二）に若くして死去すると、河越城代（「内閣文庫所蔵里見家永正元亀中書札留抜書」）であった綱成（つなしげ）がそのまま同城主に昇任した。綱成はかつて触れた伊勢（櫛間・福島）九郎の子であり、氏康妹の大頂院を妻としている、一門衆の立場であった。

この時、城内には三〇〇〇人あまりの人員が、まさに籠に入れられたように身動きが取れない状態にあった。周辺の通路は遮断され、兵粮等の補給もままならない状態である。氏康は晴氏の周辺に対して、「河越城に籠城している者たちについて、命ばかりは助けていただければ、信頼できる証人を送って、河越城を明け渡します」と懇願した。

しかし、これについての返答は「伊豆・相模の者は悉く河越城に集結していることが、よくないことだ。悪人を捕まえるという天網がかけられているのだから、一人も漏らすことはない。降伏について申し出ることはできない。」というにべもないものであった。しかし、両上杉・晴氏方の降伏拒否の言い分が、北条方の軍勢集結にあることは興味深い。軍勢を率いてきて降伏とは、両上杉氏にとっては信用に足らないものであったのだろう。さらに城の囲みが解かれ、城内の軍勢と外の軍勢が一体化して攻撃してくることも警戒したのではなかろうか。

いっぽう、氏康はこの合戦に先駆け、岩付城の太田全鑑を従属させている（「上原文書」）。この時も今川氏との戦いのときのように氏康は和睦・合戦いずれの対策も練っていたのであろう。また、四月十七日には出陣に際して神馬を江の島岩本院に奉納している（「岩本院文書」）。そうすると、氏康の出陣は十七日か十八日であろう。それまでの交渉は、氏康の指示を受けながら先に着陣した北条方により進められたものと言えよう。

砂窪の合戦

没交渉に終わった氏康は、着陣後ひとまず砂窪（現川越市近郊）と呼ばれる場所に陣を進めた。そこで家臣である寺尾諏訪左馬助に命じて、再度和睦交渉を行った。左馬助は何らかの人脈があったのか、常陸小田氏の重臣菅谷隠岐守を陣内に招き入れ、「河越に籠城している者たちについて、命ばかりは助けてもらえれば、あ

図27　河越合戦跡地（東明寺。HP「カワゴエール」より）

なたの家来を警固として（入城し）、すぐに城を明け渡すよう説得に、氏康が向かう」と交渉したが、晴氏の怒りが激しいとのことであり、話はまとまらなかった。そしてそうこうしている間に砂窪に軍勢が押し寄せてきた。戦いの火ぶたは有無を言わさず切られたのである。

この砂窪での戦いは天文十四年（一五四五）四月二十日のことである。押し寄せた両上杉・晴氏軍の目標は当主氏康だったのであろう。そしてその陣容は両上杉氏の家臣たちが大部分を占めたと思われる。

どれくらいの時間の戦であったかは不明であるが、氏康は当時の状況を振り返り「案外勝ち切ってしまった」（「歴代古案」）と述べているから、敗北も想定されるような激戦であったのだろう。両上杉・晴氏軍で討ち捕らえられた数は三〇〇〇人を超えるものであった。規模も異なるが、国府台合戦の戦死者が一〇〇〇人であったことを考えると、いかに激戦、大戦であったかがうかがえる。

その中で、両上杉軍は、憲政の馬廻りである倉賀野三河守、そして扇谷上杉氏の家臣である難波田善銀（なんばだぜんぎん）や小野因幡守を討取っている。特に難波田と小野は氏康にとっては中立を保つと約束した晴氏を翻意させた「讒者」本人であったわけで、満足する戦果であっただろう。扇谷上杉氏の当主朝定（ともさだ）については、明確な史料がないが、これ以降の動向はまったく不明であるから、合戦にて討ち死にしたか、傷がもとで早々に死去したかのいずれかと考えるのが自然であろう。そして扇谷上杉軍の崩壊により、山内上杉軍は上野へ、古河公方は古河城へ帰還した。

この合戦により扇谷上杉氏は滅亡することになった。氏康はその後上杉朝定が拠っていた難波田氏の松山城を攻撃した。松山城に潰走した太田資正は、同城は持ちこたえられないと見て上野へ逃亡したという（「太田資武状」）。

一気に扇谷上杉領国を手中にした氏康の感慨も一入であっただろう。「自分は心底正しい道を歩み、天の憐（あわれ）みを受け運命を開いた」と言い切っている。北条氏はついに長年の仇敵というべき、扇谷上杉氏を滅亡させたのである。

なお、見てきたように実際の主戦場は砂窪であるが、広く河越と捉え、関係者はこの合戦場を河越としており、河越合戦の名称が用いられる。編さん史料などでは「夜戦」であったとされることも多いが（「喜連川判鑑」）、信頼できる史料からその様子はうかがえない。

すでに指摘されているように天文六年・七年の河越城をめぐる戦いが夜にあったと記録される史料もあり(「赤城神社年代記」・「石川忠総留書」)、そちらの合戦と混同されたものと見られる(黒田、二〇二〇・駒見、二〇二三B)。

戦後処理

山内上杉家の敗戦の傷が深く、多数の家臣が討死したらしい。後に憲政が発給した感状の中には戦功を立てた当事者が討死したため、親族に宛てられたものも散見される(「小暮弥太郎氏所蔵文書」・「赤堀文書」)。また、合戦から二ヵ月後の天文十四年(一五四五)六月下旬から翌七月初頭までの間に、上杉憲政は自身の名前を「憲当」に変えている。読みは同じく「のりまさ」であるが、「当」には「道理に適っていること」という意味があるため、自らの正当性を表現したものであろうか。

いっぽう、北条氏康は新たに接収した松山城には垪和氏続を入れた(「太田資武状」)。その後、中立であることの約定を違えた晴氏に対してもそれを非難する書状を送る。「(亡き父氏綱は晴氏様の命により義明様を討ち忠勤に励んだのに)幾程も立たないうちに先の忠節をお忘れになり、その子孫との関係を絶ち、他の勢力との関係を比べることは君子の逆道(君子にあるまじき道)であり、何ということでしょうか」。直接の宛先は簗田高助であるが、当然「君子」とは晴氏であり、その逆道を正面から批判した言いぶりは、この合戦によって、公方家と北条家のパワーバランスに異変が生じたことを感じさせる。

前節で述べた北条氏の佐貫城攻撃が行われたのは、これらの後だと思われる。駿河・武蔵の状況に対応することなく、氏康は上総の平定を進めたのである。しかし、上野に逃亡していた太田資正が天文十五年（一五四六）九月二十八日に松山城に侵入し、これを奪取した。そのため、北条氏は十月一日・二日で佐貫城の包囲を解き、退却した（「藩中古文書」・「太田資武状」）。

図28　岩付城（さいたま市教育委員会提供）

松山城はその後も太田資正の統治下にあったから、資正が扇谷上杉方の残党を糾合する存在であったと思われる。翌天文十六年の十月には資正の兄である岩付城主資顕（全鑑）が死去したため（「芳林寺位牌」・利根川、二〇〇七）、十二月九日に岩付城にも攻め入り、同城を奪取した。松山城については同じく扇谷上杉氏旧臣で、旧城主難波田善銀の甥である上田朝直を城主とした（「太田資武状」・「年代記配合抄」）。

これを受けて、氏康は上田朝直に離反を進めたようであり、朝直は即座に応じたため、北条軍は松山城を包囲し、落城させた。これにより、上田朝直は北条家より松山領を任されることとなった（「太田家譜」）。さらに十二月十三日、北条軍は太田資正のいる岩付城も包囲した。そして翌天文十七年（一五四八）正月十八日には資正も氏康に降伏した（「年代記配合抄」）。これにより、一時復活の兆しを見せた扇谷上杉氏勢力はふたたび北条家の前に屈したのである。

3 山内上杉氏の没落

足利幸千代王丸の「御代始」と元服

天文十四年（一五四五）の河越合戦で北条氏に敗退した古河公方足利晴氏は、前節で紹介した氏康の批判を受け（「歴代古案」）、危機感を募らせていたと思われる。そこで、天文十七年（一五四八）、晴氏は子息である幸千代王丸の元服を計画した。幸千代王丸は天文初頭の生まれであると思われるので、年齢的にも適切であった。前述したように、明確ではないが、関宿簗田氏の娘を母としていたようだ（「古河御所伝」）。

幸千代王丸は晴氏の長子であったが、先述したように、北条氏綱の娘、芳春院が晴氏の正室として遇され、天文十二年（一五四三）梅千代王丸が誕生したことで、その地位は微

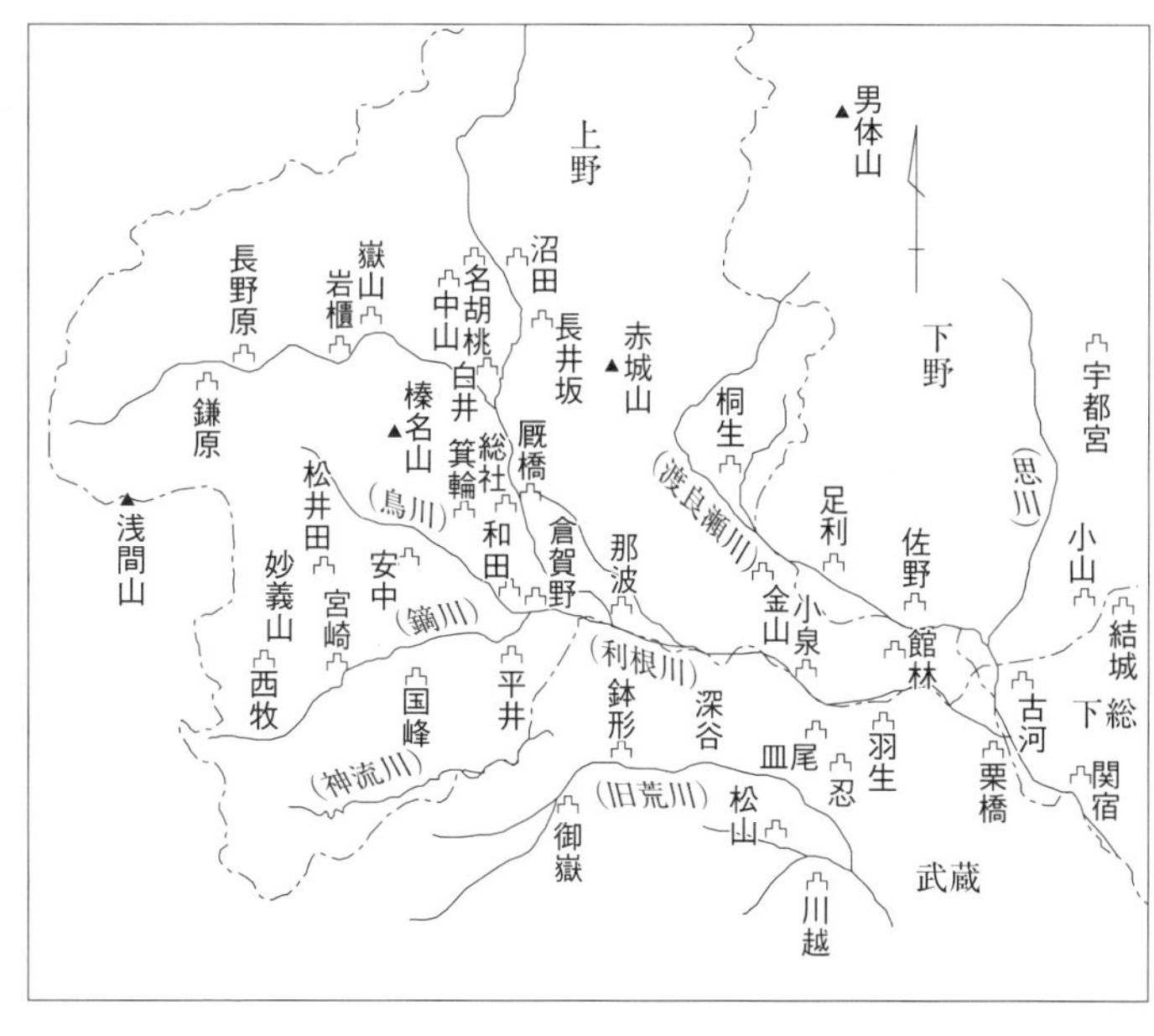

図29　上野勢力図（黒田基樹『戦国北条氏五代』戎光祥出版、2012年より）

妙になってきた。北条家が正室の子である梅千代王丸を公方にと要求してくる可能性は、十分にあったのである。そして、河越合戦で北条家の軍事的優位が確固たるものになった今、それは現実の問題になろうとしていた。それゆえ、晴氏らは幸千代王丸を元服させ、古河公方の後継者とすることで、北条家への牽制をしようと考えたのであろう（中根、二〇二三B）。

晴氏の時もそうだったように、古河公方の元服の際は、京都の将軍から一字を拝領することが慣例となっている。この時も晴氏はそのルートで交渉したようで、九月十一日付で山内上杉憲当から越後長尾晴景への文書が残っている（「渡辺謙一氏所蔵文書」）。そこでは、急いで対応してほしい旨が憲当より依頼されているから、事態は極めて切迫していたのではなかろうか。しかし、手続きが遅滞したのか（黒田、二〇二三B）、同年中の動きはなかった。

この間、天文十七年（一五四八）正月に武蔵の扇谷領を平定した北条氏康は、残る敵対勢力である山内上杉氏への攻勢を強めていく。この時点で、山内上杉氏の勢力圏は、主に本拠平井城のある上野であった。氏康は、同年十月以前に上野甘楽郡国峰城の小幡憲重を山内上杉家から離反させ、十月から同十二月の間、上野国衆と小幡氏の合戦が展開した（「小林家文書」）。

さて、年が明けて天文十八年（一五四九）になると、古河公方家に新たな動きがあった。三月に幸千代王丸の「御代始」が行われたのである（「宮城県図書館所蔵石川文書」・黒田、二〇二三B）。これにより、幸千代王丸が元服前ながらも、公方の後継者となったことになる。御代始の儀式についても準備が必要であろうから、晴氏は元服と御代始を同時期に行うことを目して、並行して準備をしてきたのであろう。

しかし元服の手続きが進まない中、まずは御代始を行ってしまうことで、幸千代王丸の次期公方就任を既成事実化してしまおうという作戦をとったのではあるまいか。晴氏と幸千代王丸は同日に同じ宛先に文書を発給している事例が見られるから（「小山文書」）、これも幸千代王丸の公権力化への動きであろう（佐藤、一九八五）。

これに対して、南奥の石川氏が「祝言」に参加しているから（「宮城県図書館所蔵石川文書」）、東国に対して一定の影響力があったと思われる。この御代始から程なくして元服を果たしたと思われ、幸千代王丸は、足利義藤の一字を拝領して「藤氏」と名乗ることとなった（佐藤、一九八五・黒田、二〇二三B）。ちなみに、藤氏にはのちに「藤政」と名乗る弟がいた。この人物は藤氏の没後、その後継者となる。梅千代王丸よりも年長であったと思われるが、この時の動向は不明である。こうした動きに対して、北条氏康や梅千代王丸の母芳春院は、決して快くは思わなかったに違いない。その不満は後述するように、芳春院と梅千代王丸の動座によって具現化するのである。

梅千代王丸の葛西動座

さて、そのいっぽうでは北武蔵と上野で北条氏と山内上杉氏の抗争が続いている。天文十八年（一五四九）の七月までには、武蔵北部の秩父天神山城主の藤田泰邦（やすくに）も北条方に転じている。このとき、泰邦の所領は同秩父郡の高松から攻撃を受けるような状況となっており、泰邦は氏康に支援を求め、氏康は滝山城主の大石道俊に対して、軍勢の用意をするように指示している。氏康は、併せて、秋に敵方の攻撃がある可能性を示して、松山城の普請を七月中に行うよう道俊に指示しているから（「浄法寺文書」）、秩父地域では山内上杉氏と北条氏の抗争が勃発していたと思われる。

しかし次第に北条氏が優勢になり、翌天文十九年（一五五〇）二月には、氏康は山内上杉氏の国衆であった武蔵秩父の高山氏の旧領である神田・川除の両郷を秩父の用土業国に与えている（「菅窺武鑑」）。八月には松山城や児玉郡本庄を起点に西上野への攻撃が成される段階に来ていた。

氏康は山内上杉氏との合戦激化を想定したのか、岩付城の太田資正に人質の提出を求めている。「もしこれに難色を示せば、これまで果たしてきた忠功もつまらないものになってしまう」と釘を刺している（「由良文書」）。上野での合戦の最中、岩付や松山がふたたび敵方となり、軍勢が危機に陥ることを危惧したのかもしれない。ただ、その結果北条軍は順当に行軍できたようで、十一月には山内上杉氏方の本拠地である平井城への直接攻撃を果たしている。ただ、ここでは周辺の国衆等の働きにより、氏康は平井城を攻落することはできなかった（「小林文書」）。

この間、天文十九年七月ころには先の藤氏の御代始と元服に不満を抱いた芳春院が梅千代王丸を伴い、北条領国の下総葛西に動座した（「簗田文書」）。この動きは同年閏五月には計画されており、さらに周辺の国衆も認識していた。その動座は六月に予定されていたが、この時氏康が常陸に出陣する計画が持ち上がっており、それが動座に支障を来たすと考えられていたから（「結城家譜草案」）、どちらかの時期がずらされた可能性がある。葛西は北条領国の中ではもっとも古河に近く、通交や古河公方家の家臣たちとの通信にも便利だったため選定されたのではなかろうか（黒田、二〇二四B）。

しかし、すでに触れたように梅千代王丸と芳春院の動座直後の天文十九年の八月以降には北条氏は西上野の攻撃に着手する段階であり、十一月には本城である平井も攻撃されている。こういった事態を受けてか、天文二十年（一五五一）になると、晴氏は北条氏康に歩み寄ったと見られ、関係修復の兆しが見られた。晴氏はこの時期に摂関家である近衛家のルートをもって左兵衛督への任官を果たしているが、これは北条家を通じてその姻族である近衛家に依頼したものと見られている（黒田、二〇二三B）。いっぽう、九月には下野の茂木氏を評定衆・引付衆に任命しており、鎌倉府的な枠組みを復古させようとする動きも感じられる（「茂木文書」）。

足利晴氏と北条氏康両者の和解に際しては、これまで通り、重臣簗田氏と氏康との起請文交換に拠っている。なお、簗田氏の当主はこの間、高助から晴助に代わっている。そこでは、氏康は晴氏に対して無沙汰をしないようにするので、晴助も北条に同様の態度で臨むこと、関東の諸侍が何と言っても晴助を滅亡させるような企てには協力せず、関宿が危機に陥っているときは見放さないこと、晴助の立身を後押しすること、大小の事を晴助に相談し裏表がないようにすることなど、相互の不信を払しょくするものとなっている（「静嘉堂本集古文書」）。

平井落城と長尾景虎

天文二十一年（一五五二）二月には、北条氏は北武蔵制圧の総仕上げにかかった。同国で唯一残る山内上杉方として御嶽城の安保全隆（泰広）と子息泰忠がいたが、北条氏は二月十一日から攻撃にかかり、三月上旬には安保氏を投降させた。御嶽城には山内上杉憲当の子息（嫡男か）竜若丸がおり、北条氏に捕縛され、殺害された。

この御嶽城が落ちた影響は大きかったらしく、これを機会に東上野の那波氏も北条方となった。北条方となった那波氏には西上野の国衆たちが味方して、交戦状態になった。北条方となった上野の国衆の所領や安保家の御嶽城は、ちょうど山内上杉憲当の平井城を囲むように存在していたから、彼らの離反・没落を受け、山内上杉家はいよいよ危機感を増したと思われる。

遂に側近たちにも北条に通じたものがいて、憲当を当主の座から追放しようという動きも出たため、憲当は平井城を放棄し、東上野方面の金山城主横瀬成繁や下野足利城主足利当長を頼った。山内方の国衆が多い東上野か下野に移ることで、周辺勢力や足利晴氏との連携を模索しようとしたのであろう。しかしすでにそれらの地も反山内上杉氏の攻勢が激しく、入城は叶わなかった。このため、北に進路を取り、五月までには長尾景虎を頼って越後に落ちた（身延文庫所蔵「仁王経科註見聞私」奥書）。なお、この越後亡命は、山内上杉家臣たちの協力の上、計画的に行われたとする説もある（簗瀬、二〇一二）。

越後の長尾景虎は上杉謙信の名で知られる。父為景の死後に越後長尾家家督を継承した兄晴景（はるかげ）に従っていたものの、病弱な晴景に代わって景虎を推す勢力もあり、抗争の末越後守護上杉定実の裁定により長尾家当主になったという。当時はまだ二三歳、当主になって三年目であった。旧敵に縋るなすすべもない様子がうかがえる。景虎の父為景は憲当にとって祖先であり四代前の関東管領顕定を敗死させた人物である。旧敵に縋らざるを得なかった憲当の心境は、いかばかりであろうか。

図30　平井城（藤岡市教育委員会提供）

関東管領である山内上杉氏の当主が関東から退去するという異例中の異例の事態であり、上野の全国衆が北条氏に従属したわけではないが、上野における北条氏の優位が確定した瞬間であった。

しかし、憲当も完全に関東を放棄したわけではなく、長尾景虎に対して関東への出兵を促し、周辺の勢力にも参陣を要求していた（「伊佐早文書」）。五月には長尾景虎は関東に出兵したようであり、上野を進軍し、七月には軍勢を武蔵国北河辺矢島郷に滞留させていた（「岡部忠勝家所蔵文書」）。同地は古河にもほど近く、あるいは景虎は北武蔵の山内上杉氏領を回復しながら、古河御所まで北条勢が攻め入らないように防衛していたようにも思われる。

これに対して、北条氏は上野に出陣し、横瀬氏の所領である新田荘や下野佐野氏の佐野荘に放火している（「千葉市立郷土博物館所蔵原文書」）。これは、北条方に転じた館林城の赤井氏への救援のためだという（黒田、二〇一二B）。長尾景虎軍との直接対決があったのかは不明であるが、天文二十一年（一五五二）の十月までは関東に在陣していたものと思われる（「謙信公御書」）。その後も北条氏と上野国衆の戦いは継続したようであるが、十二月中旬には参陣していた勢力への所領付与が行われているので（「市谷八幡神社文書」）、このころには終了していたのではないだろうか。

梅千代王丸の家督継承

長尾勢が去り、北条と山内上杉方による上野の戦乱が終息に向かったと思われる天文二十一年（一五五二）十二月十二日、足利晴氏は北条氏康の妹芳春院の生んだ梅千代王丸に家督を譲った（「喜連川文書」）。

先述のとおり、晴氏は天文十八年（一五四九）に長子藤氏の御代始を行っているから、一度家督を譲った藤氏を廃嫡にして、梅千代王丸に替えたのである。これにはそもそも梅千代王丸の誕生以前から、もし男子が生まれた場合嫡男とすることが決められていたとの説もあるが（黒田、二〇二四B）、少なくとも、この時の晴氏判物によって義氏による「御当家」（古河公方足利家）の「相続の儀」が決定している。これまで公方の継承に関するこうした文書は見られなかったため、異例の事態であるが、晴氏が文書で明確に梅千代王丸の継承を認めることそのものに大きな意味があったと思われる。それはもちろん、「北条氏の血を継ぐ古河公方梅千代王丸は、前古河公方の晴氏も認める正当な公方である」という印であろう。

河越合戦後に対立関係にあった古河公方足利氏と小田原北条氏は、藤氏の御代始、芳春院と梅千代王丸の葛西動座をへて天文二十年に和睦を結ぶ関係になったことはすでに述べた。しかし、こういった事態を受けても、梅千代王丸の家督継承には一年を要した。あるいは晴氏は長尾景虎による勢力図の塗り替えを期待していたのかもしれないが、その出兵も大きな効果はなく終了したことを受け、いよいよ家督変更を余儀なくされた可能性もある。

これを受けて、梅千代王丸は翌年天文二十二年（一五五三）二月中旬には古河に移ったものと思われる（「烟田文書」・黒田、二〇〇七）。そして翌三月からすでに文書を発給している（「大中寺文書」）。梅千代王丸は当時一〇歳であり、当然元服も判始めもしていなかったので、花押を付した文書は発給できなかった。したがってこの時期に出されたものは署名のみか朱印が付してあるものである。こういった公方に就任した人物が判始めを終えていない場合、前代には必要に応じて関東管領が奉書などを発給していたが、最早それもかなわないため、こういった措置が取られたのであろう。公方が朱印状を発給するものも梅千代王丸が初めてである。

いっぽう、葛西から出されているものもあり、同地には芳春院が滞在しており、未成年である梅千代王丸に代わり、事実上の家長として文書についても必要に応じて発給していたこともあった（黒田、二〇二四B）。

その意味では、古河公方家の権力・機能は母と子がそれぞれの場所でともに担っていたと言えよう。そこに小田原北条家の権力は介入し得ていなかったものの（佐藤博、一九八八）、古河公方家の人脈を駆使し、これまでおおむね北条家に対して批判的であった北関東の国衆・大名とも関係性を構築する機会を同家が得たことは注目すべきであろう。

いっぽうその地位を梅千代王丸に明け渡した晴氏・藤氏父子については、梅千代王丸の古河入城にあたり、高柳に動座した（「埼玉県立文書館所蔵安保文書」・黒田、二〇二三B）。

4 小田原北条氏と古河公方家

天文事件

梅千代王丸は古河で、芳春院は葛西で。そうした体制は一年あまりで終焉を迎えた。別々の地での権力行使に問題が生じたのか、あるいは古河近辺に何らかの不穏な動きがあり危険が迫ったのか、梅千代王丸は、天文二十三年（一五五四）五月にはふたたび葛西に戻っている（「鑁阿寺文書」・黒田、二〇〇七）。古河公方家の権力は一体化を果たし、葛西はさながら古河公方府に代わる新たな政庁「葛西公方府」の観を呈した（長塚、二〇一〇）。

いっぽう、約一〇〇年に渡って古河公方の本拠地であった古河城は無主の状態になったのである。その古河城に旧主、晴氏・藤氏父子が七月二十四日に入城した。古河公方の地位を奪還するための挙兵と言ってよい。これには下野の小山高朝と下総相馬整胤（まさたね）、そして桐生佐野氏らが与党として協力した。小山氏は六月の段階で高朝・氏朝父子が誓詞血判（せいしけっぱん）をもって味方となることを誓っているから（「小山氏文書」）、晴氏方も周到な準備があったのであろう。そして晴氏方は合戦に備えて古河城の普請を行った。

しかし、簗田氏や一色氏らの重臣や一門は梅千代王丸方から人質の提出を求められ、これに応えている。これについて古河公方家の家臣であった田代昌純は「(重臣や一門も梅千代王丸方となるのは)理解できない」としているものの、自身も晴氏・藤氏とは距離をとっていた(「谷田部家譜」)。もはやかつて晴氏・藤氏の周辺にいる者たちにとっても、彼ら父子は「過去の人」であったのであろう。晴氏が「古河御閑居様」と呼ばれた所以である。

これに対して北条氏は準備を進め、梅千代王丸が出陣することを検討している。しかし、翌八月に攻撃を仕掛ける段階で洪水のために遅延している様子がうかがえる(「鑁阿寺文書」)。しかし、それが収まった段階で北条方の攻撃が始まったのであろう。ここではかつての古河公方重臣野田弘朝が調略等で活躍したらしく、九月二十三日には公方の旧領の一部を安堵されていた。またここまでに桐生佐野氏は北条氏に降伏を申し出ているから、これについても野田氏の功績かもしれない(「野田家文書」)。合戦時から氏康は古河公方の旧領をすべて調べ上げ、与えると言っているので、そのような処置がとられたのであろう(「野田家文書」)。

そして、古河城は先に見た簗田氏や一色氏、武蔵松山城の軍勢らに攻撃を受け(「感状写」)、十月四日には落城した。晴氏と藤氏は捕縛され、相模国中郡波多野に幽閉された(「年代記配合抄」)。

いっぽう、梅千代王丸方として合戦に功のあった者たちには、なんと足利晴氏から感状が出ている。晴氏はむしろこの「天文事件」の首魁であったわけだが、その晴氏が感状を出しているということは、事件の責任は周辺の国衆や藤氏が負い、自身は責任を負わない超然性を示していようか（黒田、二〇二三B・中根、二〇二三B）。他方、北条氏康は晴氏父子を「御謀叛人藤氏様御父子」と表現しており、むしろ藤氏を首謀者として喧伝していた（「野田家文書」）。北条家にとって、藤氏は梅千代王丸にとっての排除すべき存在だが、晴氏は「前公方」としてまだ利用価値があったのであろう。晴氏が感状を発給することで、北条氏・梅千代王丸の正統性がより際立つという論理ではなかろうか。

北条氏康の関東再建構想

古河公方家の最後の抵抗というべき天文事件も、北条氏の圧倒的な軍事力の前に終末を迎えた。晴氏・藤氏の最大の味方と言ってよい小山高朝は所領の一部を没収され、隠居を余儀なくされた（「野田家文書」・「小山氏文書」）高朝の所有していた小山領のうち、粟宮塩沢、中久木などの一一郷が野田弘朝に渡る。なお、結城政勝が一一郷のうち二郷を要求しているから、同様の形で、古河公方家の御料所や与党の所領が没収され、梅千代王方についた者たちに分け与えられたのではなかろうか。結城氏は室町期に同族の小山氏が一時没落していたときに同氏に代わり下野守護となったことで、当時の小山氏の所領の一部も管理していた。そういった由緒があったのかもしれない。

図31　結城政勝（京都大学文学部博物館所蔵）

また、事件後は小山高朝の動向は追えず、子息氏朝（改名して秀綱）が登場する。氏朝も先の誓詞血判を父と共に晴氏に提出し、かつ藤氏ともっとも親密な関係にある武家の一人であった。しかし、実際に軍事行動をしたのは高朝一人であった形跡があるから（「谷田部家譜」）、あるいは将来のためにあえて高朝が氏朝の関与を止めたのかもしれない。北関東に武士たちも晴氏方に付く難点をある程度は感じていたのであろう。

ところで波多野に置かれた晴氏に比して、藤氏の動向は不明と言わざると得ない。次に登場するのは長尾景虎に擁立されるときであるから、何処かへ潜伏していたことは事実である。その点、小山氏のもとにいたという説も存在する（佐藤、二〇〇四・中根、二〇二三B）。

長い天文の時代が終わり、弘治元年（一五五五）になると十一月に梅千代王丸は一三歳で元服した。晴氏や藤氏と同じように京都の将軍足利義輝の偏諱を受けて元服した。特別なことは、義輝から拝領した文字は「輝」ではなく「義」だったことである。梅千代王丸は足利義氏となった。義の文字をもらうことで藤氏より上位であるとの評価である（長塚、二〇二二）。併せて従五位下に叙爵された。その後永禄元年（一五五八）二月二日には従四位下、右兵衛督となった（「妹尾文書」）。

図32　足利晴氏墓所

さらにこの年鶴岡八幡宮への参詣も行っている。こういった状況も、前例のないことであった。そして天文末期には、氏康は父氏綱と同じく右京大夫になっている。右兵衛督の義氏と左京大夫の氏康、これは鎌倉幕府の創始者源頼朝と得宗（とくそう）北条家の官途と合致する。古河公方を単なる室町幕府から権力を移譲された関東公方ととらえるのではなく、もはや関東の将軍としての在り方を探ろうということであろうか。また自身は執権＝関東管領家として東国統治を主導しようというのが、氏康の関東再構築構想だったと思われる（長塚、二〇二一）。

エピローグ

〝対決〟の果てに

本巻のテーマであった古河公方と小田原北条氏においてはいかがであろうか。

「対決」には「決着」がある。

古河公方の権力と権威

軍事的な優位であれば、河越合戦と天文事件によって古河公方家に対する小田原北条氏の優位は揺るがぬものとなった。古河公方家はもはや独力の軍事行動による状況転換は望めないことをよく認識していたであろう。いっぽう、政治的な優位についてはいかがであろうか。例えば、永禄十年（一五六七）から翌年にかけて下総森屋の相馬氏や簗田氏が北条氏から離反し、その後帰参した事態に関しての先行研究では、両名が公方義氏に「赦免」をされるという形をとってはいるが、それ以前に北条氏に降伏をしているのであり、公方義氏が独自に国衆の進退を決し得ない実態を浮き彫りにされている（黒田、一九九八）。ここから、古河公方家は、もはや公権力としての実力が消滅していたことを示す。無論、領域権力としても存続し得なかった。

そして本巻でも度々触れてきたように、関東足利氏や両上杉氏のように公権力が没落していくと、これまでそれに従っていた国衆も他の戦国大名に従属していくことになる。その意味で、北条氏自身も古河公方家や関東管領山内上杉氏との対立や協調の中で徐々に従属勢力を増加させていったのであり、一挙に公権力化したわけではない。例えば鶴岡八幡宮の修造事業や関東管領就任なども、北条氏の公権力化を少しずつ進展させる意味をもった。

なお、これは本巻の対象時期を大きく下ることになるが、政治的な枠組みとしても、越相同盟が締結されることによって、公方―管領体制という枠組みは有名無実化した。もう一人の関東管領である上杉謙信が、もう一人の公方たりえる藤氏を擁立して戦うという構図を用いる必要性が無くなったからである。

「大途」北条氏

ここに小田原北条氏は、唯一古河公方権力と行使することができる大名となった。こう見ていくと、対決の勝敗については、小田原北条氏を勝者をとすることができるだろうか。

しかし、古河公方権力を内包した小田原北条氏の権力は、自身が古河公方化するような、融合・転身は図らなかった。

そのかわり北条氏は、自身を「大途」と名乗った。これは公権力・公方であることと同義だと指摘される。先行研究によると、北条氏発給の文書の中に「大途」が多く見られるようになるのは、永禄期以降だという（久保、二〇〇一）。これは越相同盟の締結時期とほぼ重なる。

つまり北条氏は公方―管領体制を放擲するのと同時に、自身の公儀化は図っているのである（佐藤、一九七九）。にも拘わらず、北条氏は古河公方家の代替とはならなかった。そこに古河公方家の有する家格と権威を見ることもできよう。こういった実態のない家格や権威について、現代を生きる我々は理解しがたい部分もある。しかし神や仏と同じように、長い伝統を背負ってきた名族を権威と仰ぎ、序列を重視するのが、中世の中世たる所以ともいえるのだ。それ故、北条氏は新たな公儀「大途」を名乗る必要があったとする説もある（久保、二〇〇一）。そう考えると、古河公方の権威は揺るがなかったのだから、古河公方方の勝利とも考えられるだろうか。

ただ、そもそも北条氏が古河公方となることを目指していたかというと、そうとはいえないであろう。北条氏が名乗った「大途」は北条氏が公儀を示す文言として使用してきた

「公儀」・「公方」より多様性があり、かつ人格を付与した言葉として機能しているのであり（久保、二〇〇一）、まさに戦国期の公儀としての性格を持っている。つまり北条氏は時代に見合った権力として、自身の公儀性を体現したのである。

対決の果てに

このように考えてくると、両者の対決に明確な勝敗を示すことは不可能であり、無意味であろう。むしろ対立と協調の中で、戦国期の東国の勢力図が塗り替えられ、新たな秩序が構築される環境を整えたことにその意味を見出すべきである。

とはいえ、本巻の時代以降も越相同盟の締結まで、一五年ほどは古河公方も関東管領も政治的価値を背負い存立するのであった。天文事件のあった天文二十三年（一五五四）には、著名な北条・武田・今川の三国同盟が締結される。とくに北条氏と武田氏にとってこの同盟は長尾景虎との戦いを見据えたものであった。景虎は山内上杉憲当から山内上杉家の名跡を継承し、その家職である関東管領に就任する。そして逼塞している藤氏を関東公方として、足利義氏を擁する北条氏に戦いを挑んでくる。

二人の関東管領と二人の公方。小田原北条氏と古河公方足利義氏にとっての次なる「対決」は、もうすでに始まっていたのである。

参考文献

・発表年については、後年書籍等に所収されたものでも、初出年を取っているが、書籍化にあたって大幅な改訂などがされている場合は、書籍の発行年としている。副題は省略した。

浅倉直美「第一次国府台合戦と晴氏」黒田基樹編著『足利高基・晴氏』戎光祥出版、二〇二三年
阿部能久「享徳の乱と関東公方権力の変質」『戦国期関東公方の研究』思文閣出版、二〇〇六年
家永遵嗣『室町幕府将軍権力の研究』東京大学日本史研究室、一九九五年
家永遵嗣「明応二年の政変と伊勢宗瑞（北条早雲）の人脈」『成城大学短期大学部研究紀要』二七号、一九九六年
石橋一展「享徳の乱前後における上総および千葉一族」『千葉いまむかし』第二七号、二〇一四年
石橋一展編著『下総千葉氏』戎光祥出版、二〇一五年
石橋一展「小弓公方足利義明の動向」黒田基樹編著『足利高基・晴氏』戎光祥出版、二〇二三年
市村高男監修・茨城県立歴史館編『中世東国の内海世界』二〇〇七年
市村高男『東国の戦国合戦』吉川弘文館、二〇〇九年
木下　聡「戦国期の状況と四職大夫となる意味」『中世武家官位の研究』吉川弘文館、二〇一一年
木下　聡『山内上杉氏と扇谷上杉氏』吉川弘文館、二〇二一年
久保健一郎「『大途』論」『戦国大名と公儀』校倉書房、二〇〇一年
黒田基樹「古河公方・北条氏と国衆の政治的関係」『戦国期東国の大名と国衆』岩田書院、二〇〇一年、

初出一九九八年
黒田基樹「天文後期における北条氏の房総侵攻」『戦国の房総と北条氏』岩田書院、二〇〇八年、初出二〇〇四年
黒田基樹「足利義氏と北条氏」『古河公方と北条氏』岩田書院、二〇一二年、初出二〇〇七年
黒田基樹『戦国の房総と北条氏』岩田書院　二〇〇八年
黒田基樹「上総武田氏の基礎的検討」『戦国の房総と北条氏』岩田書院、二〇〇八年
黒田基樹「上総武田氏の成立と展開」『戦国の房総と北条氏』岩田書院、二〇〇八年、初出二〇〇六年
黒田基樹「総論　岩付太田氏の系譜と動向」黒田編著『岩付太田氏』岩田書院、二〇一〇年
黒田基樹「古河・小弓両公方家と千葉氏」『戦国期関東動乱と大名・国衆』戎光祥出版、二〇二〇年、初出二〇一一年
黒田基樹『古河公方と北条氏』岩田書院、二〇一二年A
黒田基樹『戦国北条氏五代』戎光祥出版、二〇一二年B
黒田基樹「初期の上総武田氏をめぐって」『戦国期関東動乱と大名・国衆』戎光祥出版、二〇二〇年、初出二〇一二年C
黒田基樹『戦国期山内上杉氏の研究』岩田書院、二〇一三年A
黒田基樹編著『伊勢宗瑞』戎光祥出版、二〇一三年B
黒田基樹「上杉憲房と長尾景春」『戦国期山内上杉氏の研究』岩田書院、二〇一三年C
黒田基樹「伊勢宗瑞論」黒田編著『伊勢宗瑞』戎光祥出版、二〇一三年D

黒田基樹編著『北条氏綱』戎光祥出版、二〇一六年A
黒田基樹「北条氏綱論」黒田編著『北条氏綱』戎光祥出版、二〇一六年B
黒田基樹「伊勢盛時と足利政知」『戦国史研究』七一号、二〇一六年C
黒田基樹『今川氏親と伊勢宗瑞』平凡社、二〇一九年A
黒田基樹『戦国大名・伊勢宗瑞』角川選書、二〇一九年B
黒田基樹『北条氏綱』ミネルヴァ書房、二〇二〇年
黒田基樹『図説　享徳の乱』戎光祥出版、二〇二一年
黒田基樹編著『足利成氏・政氏』戎光祥出版、二〇二二年
黒田基樹編著『足利高基・晴氏』戎光祥出版、二〇二三年A
黒田基樹「足利晴氏の発給文書」黒田編著『足利高基・晴氏』戎光祥出版、二〇二三年B
黒田基樹編著『古河公方・足利義氏』戎光祥出版、二〇二四年A
黒田基樹「古河公方・足利義氏の研究」黒田編著『古河公方・足利義氏』戎光祥出版、二〇二四年B
小池勝也「雪下殿空然の経歴と社家奉行人の活動」黒田編著『足利成氏・政氏』戎光祥出版、二〇二二年
駒見敬祐「長享の乱と足利政氏」黒田編著『足利成氏・政氏』戎光祥出版、二〇二二年
駒見敬祐「享禄の高基・晴氏抗争―享禄の内訌」黒田編著『足利高基・晴氏』戎光祥出版、二〇二三年A
駒見敬祐「河越合戦と足利晴氏」黒田編著『足利高基・晴氏』戎光祥出版、二〇二三年B

佐藤進一　『花押を読む』平凡社、一九八八年
佐藤博信　「足利政氏とその文書」『中世東国足利・北条氏の世界』岩田書院、二〇〇六年、初出一九七三年
佐藤博信　「古河公方領に関する考察」『古河公方足利氏の研究』校倉書房、一九八九年、初出一九七六年
佐藤博信　「足利晴氏・義氏とその時代」前出『古河公方足利氏の研究』、初出一九七八年
佐藤博信　「戦国期における東国国家論の一視点」前出『古河公方足利氏の研究』、初出一九七九年
佐藤博信　「足利政氏とその時代」前出『古河公方足利氏の研究』、初出一九八三年
佐藤博信　「古河公方足利氏の幼名について」『中世東国の支配構造』思文閣出版、一九八九年、初出一九八五年
佐藤博信　「足利晴氏についての覚書」前出『中世東国の支配構造』、初出一九八八年
佐藤博信　『中世東国の支配構造』思文閣出版、一九八九年
佐藤博信　『古河公方足利氏の研究』校倉書房、一九八九年
佐藤博信　「小弓公方足利氏の成立と展開」『中世東国政治史論』塙書房、二〇〇七年、初出一九九一年
佐藤博信　「東国における永正の内乱について」『続中世東国の支配構造』思文閣出版、一九九六年、初出一九九三年
佐藤博信　『続中世東国の支配構造』思文閣出版、一九九六年
佐藤博信　「足利藤氏についての考察」前出『中世東国政治史論』、初出二〇〇四年

佐藤博信「戦国期の関東足利氏に関する考察―特に小弓・喜連川氏を中心として―」『中世東国の権力と構造』校倉書房、二〇一三年、初出二〇〇九年
滝川恒昭「里見義頼と青岳尼」『鎌倉』九七号、二〇〇三年
滝川恒昭「戦国前期の房総里見氏に関する考察」『鎌倉』一一九号、二〇一五年
滝川恒昭「第一次国府台合戦再考」『千葉史学』七五号、二〇一九年
滝川恒昭『里見義堯』吉川弘文館、二〇二二年
遠山成一「小弓公方足利義明の関宿城攻めに関する考察」『千葉史学』第八三号、二〇二三年
利根川宇平「後北条氏の侵入と太田資時（全鑑）」黒田基樹編著『岩付太田氏』岩田書院、二〇一〇年
長塚　孝「葛西公方府の政治構想」葛飾区郷土と天文の博物館編『葛西城と古河公方足利義氏』雄山閣、二〇一〇年
長塚　孝「関東足利氏と小田原北条氏」天野忠幸『松永久秀』宮帯出版社、二〇一七年
長塚　孝「氏康と古河公方の政治関係」黒田基樹『北条氏康とその時代』戎光祥出版、二〇二一年
中根正人「永正の乱における足利政氏の動向」黒田基樹編著『足利成氏・政氏』戎光祥出版、二〇二二年
中根正人「永正の乱における足利高基の動向」黒田基樹編著『足利高基・晴氏』戎光祥出版、二〇二三年A
中根正人「古河城蜂起と晴氏の隠遁」黒田基樹編著『足利高基・晴氏』戎光祥出版、二〇二三年B
簗瀬大輔『小田原北条氏と越後上杉氏』吉川弘文館、二〇二二年

野口　実「中世東国武家社会における苗字の継承と再生産」野口実編『千葉氏の研究』名著出版、二〇〇〇年、初出一九九七年
則竹雄一『古河公方と伊勢宗瑞』吉川弘文館、二〇一三年
森田真一『上杉顕定』戎光祥出版、二〇一四年
丸島和洋『東日本の動乱と戦国大名の発展』吉川弘文館、二〇二一年
盛本昌広「『温故収録』収録の龍華寺棟札写」『金沢文庫研究』三三五号、二〇一五年
山田邦明『享徳の乱と太田道灌』吉川弘文館、二〇一五年

略年表

年号	西暦	事項
享徳三	一四五四	十二月、足利成氏が鎌倉西御門にて上杉憲忠を殺害し、享徳の乱が勃発。
享徳四	一四五五	正月から、幕府・山内上杉方と成氏方が、武蔵国分倍河原などで激戦を繰り広げる。六月、上杉・今川軍が鎌倉を占領すると、成氏は十二月頃に下総国古河に本拠を移す（古河公方と呼ばれるようになる）。
長禄二	一四五八	八月、足利政知が伊豆に入る（のちに本拠を堀越に移し、堀越公方とよばれるようになる）。
文明十	一四七八	正月、足利成氏、山内上杉氏と和睦。
文明十八	一四八六	七月、扇谷上杉氏の家宰太田道灌が上杉定正に誅殺される。
長享元	一四八七	九月頃、小田原北条氏の祖、伊勢盛時（宗瑞）が京都から駿河に下向。
長享二	一四八八	二月、山内上杉氏と扇谷上杉氏が相互不信から相模で激突（長享の乱の始まり）。
明応二	一四九三	四月頃、盛時が今川軍の大将として足利茶々丸を攻撃するために伊豆に侵攻。
明応三	一四九四	七月、山内上杉氏が扇谷上杉氏領内に侵攻。その後、古河公方足利政氏が山内側として参戦し盛時とはじめて対峙する。
明応四	一四九五	二月、「伊勢宗瑞」名義の文書が初めて見られる。
明応七	一四九八	八月、茶々丸が宗瑞の侵攻を受け自害する。
文亀元	一五〇一	三月、この時までに宗瑞が相模小田原城を攻略する。

永正元	一五〇四	九月、扇谷上杉朝良が宗瑞・今川氏親に支援を依頼し、武蔵立河原で山内側と合戦。
永正三	一五〇六	四月、古河公方家の政氏とその子高氏の間で抗争が起きる（第一次永正の乱）。
永正五	一五〇八	七月、この時までにふたたび政氏と高氏の抗争が起きる（第二次永正の乱）。
永正七	一五一〇	五月、政氏と高基（高氏から改名）、三度目の抗争に入る。政氏のもう一人の子である鶴岡八幡図宮別当空然も参加する。
永正九	一五一二	六月、足利政氏が古河城を退去し下野小山氏のもとへ向かう。その後高基は、古河に入城。
永正十五	一五一八	七月、足利義明（もと空然）が真里谷武田氏に招聘され小弓城に入る（小弓公方の誕生）。
大永三	一五二三	九月、伊勢氏綱が、北条氏を名乗るようになる。
享禄元	一五二八	この年、古河公方足利高基の子が元服し、晴氏を名乗る。
享禄三	一五三〇	この時までに、古河公方足利高基とその子の晴氏の抗争が起きる（享禄の乱）。
天文元	一五三二	五月、氏綱が鶴岡八幡宮の修造事業に着手する。
天文五	一五三六	六月、氏綱、駿河今川氏の内乱（花蔵の乱）に介入し、承芳（のちの今川義元）を支援。
天文六	一五三七	七月、北条氏綱が扇谷上杉氏の本拠河越城を攻略。

和暦	西暦	事項
天文七	一五三八	正月、山内上杉憲政、扇谷上杉朝定が河越に襲来するも北条氏康これを撃退。六月、足利義明が下総国府台に着陣。十月、北条氏綱が小田原を出発し第一次国府台（相模台）合戦が幕を開ける。北条方と小弓方が激突し、足利義明・基頼・義淳が相次いで討ち取られる。
天文八	一五三九	八月、北条氏綱の娘芳春院と足利晴氏の婚姻が成立。
天文十四	一五四五	四月、河越近郊の砂窪に陣取っていた北条氏康を古河公方足利晴氏方が攻めるも敗北し扇谷上杉が滅亡（河越合戦）。
天文十七	一五四八	正月、北条氏康が武蔵の扇谷上杉領を平定。
天文二十一	一五五二	二月、北条氏は武蔵国の山内上杉方である御嶽城を攻め安保氏を投降させる。五月、山内上杉憲当が平井城を放棄し、長尾景虎（上杉謙信）を頼って越後に落ちる。十二月、足利晴氏が子梅千代王丸に家督を譲る。
天文二十三	一五五四	五月、梅千代王丸が古河を去り葛西に移る。七月、足利晴氏・藤氏父子が古河城に入城。十月、古河城は簗田氏や一色氏らの軍勢に攻撃を受け落城。晴氏と藤氏は捕縛され幽閉される（天文事件）。

著者紹介

一九八一年、栃木県に生まれる
二〇一一年、千葉大学大学院人文社会科学研究科単位取得退学
現在、千葉県教育委員会指導主事

主要編著書・論文

『下総千葉氏』(編著、戎光祥出版、二〇一五年)
『室町遺文　関東編』一巻〜六巻(共編、東京堂出版、二〇一八〜二四年)
「小田氏の乱」と東国社会—男体山合戦を中心に—」(『かさま歴史ブックレット5　中世の難台山城と岩間』笠間市教育委員会、二〇二三年)

対決の東国史6

古河公方と小田原北条氏

二〇二五年(令和七)三月一日　第一刷発行

著　者　石橋一展(いしばし かずひろ)
発行者　吉川道郎
発行所　株式会社 吉川弘文館
東京都文京区本郷七丁目二番八号
郵便番号一一三—〇〇三三
電話〇三—三八一三—九一五一〈代表〉
振替口座〇〇一〇〇—五—二四四
https://www.yoshikawa-k.co.jp
印刷＝株式会社 東京印書館
製本＝株式会社 ブックアート
装幀＝渡邉雄哉

ISBN978-4-642-06872-7

刊行のことば

近年の中世東国史研究の進展はめざましいものがあります。しかし、その政治史をひもとくと、覇権争いの登場人物がめまぐるしく入れ替わるため、ひとつの歴史の流れとして把握しにくい面があります。そこで本シリーズでは、東国における特定の時代を代表する二つの武家の協調と相克の様相を通じて、中世東国の政治史をわかりやすく叙述することを目指しました。

第一巻から第七巻まで、主役に据える武家はさまざまです。しかし各巻では、①主役武家の系譜意識、②その武家の存在形態（一族・姻族・地縁等の人間関係や領主組織など）、③畿内の政権・政局との関係、という三つの観点を共有することで、内容に統一感を持たせるとともに、主役武家を、その時代と「東国」のなかに位置づけるように配慮しました。

本シリーズの叙述姿勢は「単純化しすぎ」との批判を招くかもしれませんが、研究の要点を的確にまとめた「わかりやすい」中世東国の通史として、多くの読者に長く親しまれることを期待します。

二〇二一年十二月

企画編集委員
高橋　秀樹
田中　大喜

対決の東国史

1 源頼朝と木曾義仲　長村祥知著

2 北条氏と三浦氏　高橋秀樹著

3 足利氏と新田氏　田中大喜著

4 鎌倉公方と関東管領　植田真平著

5 山内上杉氏と扇谷上杉氏　木下　聡著

6 古河公方と小田原北条氏　石橋一展著

7 小田原北条氏と越後上杉氏　簗瀬大輔著

本体各２０００円（税別）

吉川弘文館